’n Petit Bonjour

THEO SCHILDKAMP

'n Petit Bonjour

52 ontmoetingen met Frankrijk

TIRION

Dit boek is gepubliceerd door
Tirion Uitgevers BV
Postbus 309
3740 AH Baarn
www.tirionuitgevers.nl

Omslagontwerp: Hans Britsemmer
Foto omslag: D. Zintzmeyer, *Pays Méditerranéen...*,
Fenêtre sur la Provence

ISBN 90.4390.551.8
NUR 508

www.masdera.com

Inhoud

I

’n *Petit bonjour*

De makelaar trok een paar beduimelde papieren tevoorschijn. ‘Dit’, zuchtte hij, ‘is het laatste wat ik heb. Een grote *mas*. Niet oud. Paardenstallen op de begane grond, plus een zomerkeuken en een kaasmakerij. Boven een supergrote woonkamer, keuken, slaapkamers, badkamers. Zwembad, bijgebouwen, flink wat grond: weilanden, bos, *garrigue*. Heeft u paarden?’

Nee, natuurlijk niet. En interesse hadden we evenmin. De foto’s zagen er niet bijzonder appetijtelijk uit. Het huis stond als een kolossale bunker in een vaal landschap met kale bomen. Het leek een foto uit de Tweede Wereldoorlog. Alleen de hoge palm in de tuin had iets zuidelijks. Maar we gingen wel kijken. Het zou onze laatste kans zijn. We hadden afgesproken dat we in Nederland zouden blijven als we ook ditmaal onverrichter zake uit Frankrijk terugkwamen.

Het huis lag op een lage, grotendeels beboste heuvel te soezen in de zon. Het was wit, met een oranje pannendak dat vrolijk afstak tegen de blauwe lucht. Het lag te dromen in het diepe groen van tientallen steeneiken. Waar het terrein afliep naar het ondiepe dal van het riviertje de Bourdic stonden legers wijnstokken in het gelid. Er zongen vogels, er dansten vlinders rond bomen vol bloesems.

Om de met paardebloemen bezaaide velden hobbelden zandpaden de *garrigue* in. We volgden zo’n pad tot we ineens uitkeken op de westzijde van het huis. Het lag veilig verschanst achter een forse tuinmuur, aan de overkant van een bloeiende weide. Om bij die wei te komen moesten we door een klein stukje mediterrane jungle, waar het, ook al was het nog maar maart, zo groen was als een

Nederlands bos in de zomer. Er slingerden zich lianen omhoog in met korstmos overwoekerde bomen, uit een ondergroei van vreemde stekelige struiken, wilde asperge en *salsparille*. Tussen de stammen lagen grote rotsblokken en er was een sprookjesachtig bouwsel, opgetrokken uit losse keien, dat later een *capitelle* bleek te zijn: een oude schuilhut voor herders. Het was een exotisch oord, waarin je apen verwachtte en toekans. Vanuit die groene geheimzinnigheid keken we naar het huis, dat rustig lag te soezen tegen een decor van wazige, blauwe heuvels.

'We zullen een boel moeten verbouwen', zei Manja.

Terug van de makelaar lieten we de kurken knallen. We proostten. Onze glazen maakten een licht tinkelend geluid.

'Klinkt als een welkomstgroet', zei ik, 'klinkt als 'n *petit bonjour*.'

2

La douce France

Fransen zijn anders dan de rest van de wereld. Dat is niets bijzonders: Nederlanders zijn ook anders dan de rest van de wereld. Zoals elk ander volk weten wij dat van onszelf, maar wij weten ook dat het verschil tussen Nederlanders en Duitsers heel anders van aard is dan het verschil tussen Nederlanders en Belgen. Van het ene buitenland vinden we dit, van het andere dat. Maar Fransen vinden van al het buitenland precies hetzelfde. Alle buitenlanders zijn voor hen vreemd volk. Ze worden allemaal over één kam geschoren. Niet dat de Fransen daarmee zitten. Voor verreweg de meesten van hen zijn buitenlanders slechts medeschepselen die in het hoogseizoen op bezoek komen: onbegrijpelijke en onverstaanbare lieden, bijna altijd toeristen, die komen en gaan en gelukkig een boel euro's achterlaten. Dit is overigens niet alleen in materieel opzicht belangrijk. Het toerisme vormt voor Frankrijk een van de belangrijkste bronnen van inkomsten, maar houdt bovendien het zelfrespect en het chauvinisme van de Franse burger groot en sterk. De Fransman is trots op zijn land en op zijn cultuur.

Minder blij zijn de Fransen met de geweldige en nog altijd gestaag groeiende menigte buitenlanders die zich blijvend of semi-permanent in hun land vestigt. Hierdoor verdwijnen niet alleen allerlei lang gekoesterde tradities of verworden deze tot toeristische folklore, maar vliegen bovendien de huizenprijzen de pan uit, met als gevolg dat de woningen op het platteland en in de schilderachtige dorpjes voor de gewone man onbetaalbaar zijn geworden. Frankrijk wordt stelselmatig ingepikt door Nederlanders, Zwitsers, Duitsers,

Engelsen, Belgen en Amerikanen. Er zijn dorpen waarvan de bevolking inmiddels voor tachtig procent uit buitenlanders bestaat! Daartoe worden trouwens ook de landgenoten uit de grote steden gerekend, met name die uit Parijs. Op het uitgestrekte Franse platteland is een Parijzenaar een minstens zo vreemde eend in de bijt als iemand uit Londen of uit Amsterdam. Vakantiegangers worden door de autochtonen in het algemeen vriendelijk behandeld, maar wie blijkt te blijven wordt heel anders bekeken. Men deinst terug en begint op veilige afstand commentaar te leveren, wat nogal eens op roddel kan uitdraaien.

Buitenlanders begrijpen dat niet. De meesten van hen komen uit de stad of in elk geval uit een stadscultuur en snappen simpelweg niet veel van het platteland. Dat heeft in wezen overal dezelfde kenmerken, of het nu om Texas, Twente of de Tarn gaat. Overal wordt daar door de stadse import geklaagd over een onvriendelijke bejegening en zelfs over aversie van de kant van de plattelandsbevolking. De Franse houding is echter eerder onverschillig dan onvriendelijk. Daar kan best begrip voor worden opgebracht. Een buitenlander die zich te midden van een autochtone bevolking vestigt, neemt zo'n beetje de positie in van een volslagen onbekend achterneefje op een familiefeest. Of hij geaccepteerd wordt ligt helemaal aan hem. Als hij zijn mond houdt zal niemand zich iets van hem aantrekken, maar dringt hij zich luidruchtig op, dan maakt hij zich evenmin populair. Wat zo'n neef het beste kan doen is zich heel gewoon en heel normaal gedragen. Niet schuchter, maar ook niet opvallend.

Er zijn echter nogal wat buitenlanders, en dus ook Nederlanders, die zich in Frankrijk gaan uitsloven om erbij te horen. Ze willen onderdeel vormen van het schilderachtige en romantische *douce France* dat ze als ideaalbeeld hebben. Ze willen zich het *joie de vivre* eigen maken en het *laissez faire, laisser aller*. Ze willen wijn proeven, ze willen Bourgondisch eten en drinken, pétanque spelen, terrasjes en restaurants frequenteren, kortom aan alles meedoen wat Frankrijk voor hen tot het Frankrijk van hun dromen maakt. Dat doen ze vaak met een zeker dédain door als het ware op hun hurken te gaan zitten om mee te kunnen spelen met de Franse bon-vivants. Ze willen even Frans als de Fransen zijn en zien daarbij over het hoofd dat ze zich dan precies zo gedragen als een buitenlander die in Nederland gaat wonen en meent daar op klompen en in Volendammer kostuum te moeten rondlopen. Fransen moeten niets hebben van dat soort kneuterige aanstellerij. Ook in Frankrijk is er geen betere manier om geaccepteerd en gerespecteerd te worden dan door gewoon te zijn wie je bent. Gewoon een Nederlander in Frankrijk, zonder baret, stokbrood en fles wijn. Wat je ook doet, je blijft toch altijd herkenbaar als Nederlander, al woon je nog zo lang in Frankrijk.

3

L'épisode Cévenol

Dat het heet kan zijn in de *Midi de la France* is natuurlijk niets bijzonders. Het is een van de redenen dat er zoveel toeristen komen. Maar het uitzonderlijke van de zomer van 2003 was dat de hitte zo vroegtijdig intrad en zo lang bleef aanhouden. Na een veel te koude winter steeg het kwik al in mei telkens boven de 25 graden. De echte hitte arriveerde in de eerste dagen van juni om pas eind augustus te wijken voor iets koelere lucht. Wekenlang kwamen de temperaturen overdag niet onder de 30 graden, met als top een flink aantal dagen dat de thermometer tegen mijn huis 42 graden aangaf.

Het was de warmste zomer in vijftig jaar en voor Parijs zelfs sinds het begin van de wetenschappelijke en objectieve meteorologische waarnemingen in 1873. Het kwik steeg geregeld tot 40 graden. Maar het waren vooral de minimumtemperaturen die alle records braken. De temperatuur 's nachts lag gemiddeld 3,5 graad hoger dan normaal. Deze warme nachten drukten zwaar op de *bilan sanitaire*. De gevolgen ervan waren verbijsterend. Toen uiteindelijk de balans kon worden opgemaakt, bleek de hitte het leven te hebben gekost aan 15.000 mensen, voornamelijk bejaarden, zieken en zwakken. Frankrijk was geschokt. Men raakte er de hele nazomer niet over uitgepraat. Eerst kreeg de overheid de schuld, zoals gewoonlijk. Daarna begon men, door de media op andere gedachten gebracht, de hand in eigen boezem te steken. 'Ieder voor zich' mag dan een door de Fransen zorgvuldig gekoesterd en alom in praktijk gebracht motto zijn, het had intussen wel voor duizenden aan hun lot overgelaten slachtoffers gezorgd.

Gezien de weersomstandigheden was het geen wonder, al die doden. Evenmin verbazingwekkend was het dat in september tienduizenden hectaren natuurgebied in vlammen opgingen. De hitte was enorm. In Parijs kwam in de nacht van 11 augustus het kwik niet onder de 25,5 graden; op de Eiffeltoren zelfs niet onder de 27,3 graden. Daarnaast was het kurkdroog, een droogte die de winter al beheerste, maar de gehele lente en zomer voortduurde. Het heeft allemaal te maken, zegt *Méteo France*, met de opwarming van het klimaat. In de toekomst staat de Fransen nog veel meer te wachten. In de komende eeuw zullen er vijf keer zoveel warme periodes voorkomen als tot nog toe het geval was en zal de droogte zozeer toenemen dat Zuid-Frankrijk tot de Sahel-gebieden gaat behoren.

Grote en voortdurende droogte dus, maar er zullen steeds vaker dagen in de nazomer en de herfst voorkomen waarop de zondvloed ineens losbreekt. Die enorme plensbuien zijn er vrijwel elk jaar, maar zullen alleen nog maar erger worden. Ze worden bij ons in de Gard *épisodes Cévenols* genoemd en zijn zeer gevreesd, vooral dit jaar waarin het water van de Middellandse Zee een temperatuur van 32 graden heeft bereikt. Zodra in de nazomer en de herfst de koude lucht uit het noorden en westen in botsing komt met de uit zee opstijgende en zich over het mediterrane gebied verspreidende zeer warme en vochtige lucht, is het mis. Meestal vindt de confrontatie plaats boven het Cévennengebergte. Beide luchtstromingen komen botsend tegen de hellingen tot stilstand, waardoor alle vocht in één keer gaat neerplenzen. Het stortregent dan niet alleen in de vlakte en het heuvelland, maar ook in de bergen. Al het water stroomt van daar in de richting van de Rhône, zodat de beken en rivieren aanzwellen tot donderende watermassa's, die bruggen en kades wegslaan en na uit hun oevers te zijn getreden alles vernietigen wat op hun weg komt. In september 2002 heeft dit tot een weergaloze ramp geleid. Op veel plaatsen viel toen in één enkel etmaal net zoveel regen als gedurende een heel jaar in Parijs. Er waren 22 doden te betreuren en de materiële schade was enorm.

Na de recordzomer van 2003 voorspelt men elkaar opnieuw de grootst mogelijke ellende. 'Wacht maar af', zeggen de mensen, 'straks voltrekt zich een catastrofe zoals we die hier nog nooit hebben gehad.' De pessimisten van de meteorologische diensten brommen dit deuntje somber mee. Optimisten roepen uit dat het allemaal wel meevalt, met die records. 'In Marokko', zeggen ze dan, 'heeft het in

1935 ruim 24 graden gevroren en in 1961 was het nota bene op Hawaii min tien!' Ze proberen zichzelf en ons daarmee gerust te stellen. Een recordzomer houdt niet per definitie in dat het ook een record-*épisode Cévenol* zal worden. *'On verra'*, verzuchten de mensen hier dan gelaten, 'we zullen wel zien.'

4

La rentrée

Het seizoen is voorbij. Het merendeel van de toeristen is vertrokken. De deur gaat achter de visite dicht. Frankrijk is weer *chez soi*. Zelf hebben de Fransen de vakantie eveneens achter de rug. Jammer, want ze zijn er dol op. Een dikke tweeduizend euro, dat is wat het gemiddelde Franse gezin er jaarlijks voor uitgeeft. Met name in augustus is iedereen op pad. Dan ligt het land zo'n beetje stil. Maar is september aangebroken, dan gaat men massaal weer aan de slag. De handen uit de mouwen! Dat evenement wordt *la rentrée* genoemd. Voor de Fransen begint het nieuwe jaar niet op 1 januari, maar op de eerste maandag van september.

Het zijn niet alleen de bedrijven die het werk weer vol energie oppakken, ook de regering en het parlement gaan er tegenaan. Het openbaar vervoer hervat de normale diensten en de radio en televisie zetten een punt achter hun zomerprogrammering. Er wordt een begin gemaakt met de wijnoogst en de jagers mogen ten strijde trekken tegen de natuur. Kortom, het is mooi geweest met het open huis: Frankrijk wordt weer op en top Frans.

De échte rentrée is natuurlijk de eerste schooldag. Ook in Nederland is *back to school* een begrip aan het worden, maar in Frankrijk bereidt een groot gedeelte van de maatschappij zich er in de laatste weken van augustus bijzonder intensief op voor. De media besteden er zeer veel aandacht aan en zelfs serieuze kranten als *Le Figaro* wijden hele pagina's aan de te volgen trends op het gebied van kleding, schoeisel en accessoires. Hoe dienen de kinderen op school te verschijnen, in welke kleren, met welke agenda's en met welke rugtassen? Dat luistert allemaal heel nauw en zowel ouders als kinderen besteden uren aan het ronddwalen door de hypermarchés en kledingwinkels om alles aan te schaffen wat nodig of volstrekt onnodig is.

Met de terugkeer van het dagelijkse leven krijgt iedereen natuurlijk meteen ook weer met de problemen te maken die een poosje vergeten konden worden. September betekent dus ook de rentrée van de problematiek. Wat school betreft blijkt er bijvoorbeeld een groeiende wanverhouding tussen het leerlingenaantal en de beschikbare plaatsen in de kantines. Terecht is Frankrijk trots op de wijze waarop zij haar kinderen tussen de middag in de watten legt. In principe krijgt heel schoolgaand jong Frankrijk rond *midi* een uitgebreide maaltijd voorgeschoteld, die soms wel uit vier gangen bestaat. Er doen zich zo langzamerhand echter grote moeilijkheden voor inzake de financiering en de organisatie van de kantines. De ouders zullen daarom flink over de brug moeten komen. Een aanzienlijke groep kinderen uit minder bedeelde gezinnen dreigt nu uit de boot te vallen en zal wellicht in de toekomst zijn eigen broodtrommeltje moeten meenemen. Dat is iets wat Frankrijk niet zint. Zoiets mag toch niet kunnen in het legendarische luilekkerland van gourmandise, gastronomie en haute cuisine?

Problemen doen zich uiteraard niet alleen in het onderwijs voor. Zo gauw de *rentrée sociale* is begonnen, gaat het over de hele breedte van de maatschappij rommelen. Alle onopgeloste conflicten laaien weer in volle hevigheid op en alom breken stakingen uit. Waar gewerkt wordt kan het werk immers ook weer worden neergelegd. Staken hoort in Frankrijk heel gewoon bij het leven van alledag. Zeker in het najaar. 'Als de bladeren verkleuren wordt er gestaakt', zegt men.

Dus ligt al heel vlug het openbaar vervoer weer plat, gaan de schooldeuren weer dicht en sluiten de ambtenaren hun dossiers. Zelfs de media houden ermee op. De radio zendt alleen nog maar stakingsmuziek uit, van 's ochtends vroeg tot 's avonds laat. Dat is muziek die speciaal voor dit doel gecomponeerd lijkt en die in elk geval bedoeld is om niet naar te luisteren. Het is een vlak, monotoon en onbeduidend soort muziek, dat je buiten de stakingstijd niet te horen krijgt. Gelukkig maar, want er bestaat geen vervelender gezeur dan stakingsdeuntjes. En daar gaat het de stakers natuurlijk om. Frankrijk moet een slecht humeur krijgen en gaan mopperen op de overheid. Die is altijd de boosdoener. En anders zijn het de buitenlanders wel. Daarom blijven de Fransen tijdens de vakantie misschien wel zo angstvallig binnen Frankrijks grenzen. Want wie in het buitenland niet te gast is geweest, hoeft zich ook niet dankbaar te betonen. Dat maakt het mopperen op alles wat niet Frans is een stuk gemakkelijker.

5

De zondvloed

De hitte en de droogte waren enorm geweest. Iedereen keek dus uit naar de door de *Méteo* voorspelde regen. Op zondag 8 september 2002 werd het inderdaad drukkend stil en doemden de langverwachte donderkoppen op. Parasols werden ingeklapt, ramen en luiken gesloten, auto's op plekken geparkeerd waar ze veilig waren voor vallende takken. Intussen schoven grote, logge wolken in en over elkaar tot een dreigend donkergrijs, waarin weerlicht flakkerde en diep gerommel klonk alsof ver weg een vulkaan tot uitbarsting kwam.

Een aanzwellend geluid werd hoorbaar en ineens was de regen er! Hij kwam van het ene moment op het andere als een waterval omlaag, stortte zich op het landschap zoals een vloedgolf uit een brekende stuwdam. Zigzaggende vuurstralen scheurden onder oorverdovend gedonder de hemel aan flarden. In huis flakkerde het licht om even later uit te vallen. De telefoon begaf het met een kort signaal en de waterpomp stond stil . Het was donker en dat zou het dagenlang blijven. Het water kwam dreunend neer op het dak, op de terrassen en op de tuin. In het oogverblinde licht van de bliksem waren telkens de bomen, mijn atelier en het zwembad een ogenblik zichtbaar, alsof er vanuit de godenwereld foto's van werden genomen. Door het monotone geroffel van de regen klonk het geluid van brekende takken, vallende bloempotten en van tuinmeubilair dat door de waterstroom werd meegesleurd die van hoog naar laag over het gazon was gaan kolken.

De hel leek te zijn losgebroken, het einde der tijden nabij. We hadden gasten en die kwamen kleumend en druipend binnen om de komende 24 uur niet meer naar hun appartementen terug te keren. Er werden kaarsen aangestoken en we begonnen een maaltijd te bereiden, want gas hadden we wel. Buiten bleef het noodweer onophoudelijk en onverminderd als een razende tekeergaan. Maar hoe ernstig de situatie feitelijk was en hoeveel schade er werd aangericht, kwamen we pas te weten van de Zwitsers die in het dal van de Bourdic wonen. Het riviertje was binnen een uur aangezwollen tot een woeste stroom, die hun huis omver had geduwd, het zwembad uit de grond getild en de tuin aan stukken gescheurd. Alles daar was verdwenen of vernietigd. De kracht van het water was zo enorm dat een gastank van wel vijf meter lengte als een duikboot was opgedoken om dwars door een terras naar een wal van cipressen te schuiven, waar hij gevaarlijk sissend bleef liggen.

Het hoosde de hele nacht door. In de ochtend presenteerde zich een bleek licht dat een onthutsend panorama onthulde. Van de wijngaarden onder onze tuinmuur tot aan de grijze heuvels van Blauzac, Vic en Russan was het dal overstroomd. Het bruingele water schoof met angstwekkende snelheid van noord naar zuid. Het voerde bomen, takken, meubilair, stukken van huizen en schuren, en duizenden fragmenten van onbekende herkomst met zich mee. In de gehavende en scheefgeduwde bomen hingen tuinstoelen en wapperden overal bleke flarden plastic – afkomstig van de aspergevelden – spookachtig in de wind, alsof er een luguber *Halloween* gevierd werd. Ook onze tuin stond blank. Van het zwembad staken alleen de muurtjes met de grote geraniumpotten boven het oppervlak uit. Verder hadden slechts de oleanders het hoofd boven water weten te houden, onder de hoede van de mistroostig druipende palmen. Verderop was een reusachtige eik over het veld gevallen. De oprit en het pad naar de *route départementale* waren woeste bergbeken geworden, compleet met kale rotspunten en driftige stroomversnellingen.

We hadden er die maandagmorgen nog geen flauw benul van dat het hele departement van de Gard mishandeld en verminkt was. Het water was van de berghellingen van de Cévennen afgedonderd en had van alle beekjes, stroompjes en rivieren allesvernietigende stortvloeden gemaakt. Bruggen, huizen en wegen waren meegesleurd. Honderden automobilisten hadden hun wagens in de steek moeten laten. Duizenden mensen zaten nog op zolders, op de daken en in bomen. Er was nergens kraanwater en overal waren de telefoon- en elektriciteitspalen afgeknapt. In de handen van de boze natuur was de Gard niets meer geweest dan, zoals de ochtendbladen het verwoordden, een speelgoedwereld die ondersteboven en uiteen was gesmeten. De chaos was inderdaad niet te overzien.

Het departement werd samen met de – in mindere mate getroffen – Hérault, Ardêche, Drôme, Vaucluse en Bouche-du-Rhône ogenblikkelijk tot rampgebied verklaard. De grootste militaire operatie die Frankrijk ooit in vredestijd op touw had gezet kwam op gang. Legers van reddingswerkers trokken de getroffen gebieden in, met boten, amfibievoertuigen, vrachtwagens, helikopters en vliegtuigen. Na 48 uur werd een eerste balans opgemaakt: 22 doden, honderden gewonden, een miljard euro schade, een totaal ontwrichte economie en een vernietigde infrastructuur. Het water was hoger gestegen dan tijdens welke vroegere overstroming ook. Bij de coöperatieve *cave* van het dorp Dions bijvoorbeeld had het met vier meter de recordhoogte van 1958 overstegen. In één etmaal was er op sommige plaatsen bijna 700 millimeter regen gevallen, net zoveel als jaarlijks in het noorden van het land. Het departement had voor 85 procent te kampen met ernstige wateroverlast. Van de 357 gemeenten bleken er 311 zwaar te zijn getroffen. Van de wegen was 70 tot 80 procent overstroomd en beschadigd.

Maandagmiddag kwam het noodweer langzaam tot bedaren. Het leek alsof in de vallei een veldslag had gewoed. De vernietigingen waren enorm. Overal was het asfalt gaan kruien als ijs. De bermen lagen bezaaid met auto's en autowrakken. Caravans hingen in de bomen, naast reclame- en verkeersborden. Op de kerkhoven bleken de doden uit hun graven te zijn gekomen, als was het de Dag des Oordeels. In Bourdic stond het gemeentehuis tot aan de dakgoot in het water. In het hele dorp was de gloednieuwe riolering – waarvan de voltooiing de zaterdag tevoren nog aanleiding was geweest voor een groot feest – uit de grond getild en kriskras in het rond gesmeten. Langs het riviertje zelf waren de huizen gewoonweg verdwenen. Overal lag rommel, puin en rotzooi. En overal was modder, tot hoog in de bomen en tot aan de bovenverdiepingen van de gebouwen.

De eerste uren liep iedereen verdwaasd rond. Ook wij, al hadden we aanvankelijk weinig schade: ons huis is sterk en staat bovendien op een heuvel. Het zwembad had wat averij opgelopen en we hadden hier en daar lekkage omdat het vrij vlakke Romeinse dak de watermassa's niet snel genoeg had kunnen afvoeren. We ruimden op en maakten schoon. We hielpen de Zwitsers met het wegscheppen van modder en puin. We deden wat we konden, net als iedereen.

Op dinsdag scheen de zon alweer. De straten stonden vol met dampend huisraad. Alle ramen en deuren waren wijd geopend. Overal fonkelde vrolijk het water. Maar de mensen zagen het somber in. Wanneer zou de hemel opnieuw naar beneden komen? Bij ons thuis was dat al diezelfde dag het geval. Want toen stortte op de eerste etage een van het lekkagewater verzadigd plafond met donderend geraas in.

6

De levende scheerkwast

Vanaf de asfaltweg duikt een hobbelig zandpad de koele diepte in van een klein bebost beekdal, om achter het bruggetje weer op te klimmen naar ons huis. Daar in de groene wildernis woont een dassenfamilie. Zo nu en dan zie ik er een paar, wanneer ze aan het rondscharrelen zijn in de late schemering of in de nachtelijke duisternis. Het zijn grote, bolle beesten, uitgevoerd in grijs, zwart en wit, die zich nogal onbeholpen voortbewegen. De kop lijkt lang en neerwaarts gebogen door de brede zwarte strepen die van de oren tot aan de neus lopen. In dat zwart glinsteren kleine, wantrouwige oogjes, die behoorlijk kippig kijken. Geen wonder: van oorsprong zijn dassen dagdieren, die een nachtelijke leefwijze hebben aangenomen als gevolg van de onophoudelijke vervolging door de mens. Hun ogen zijn niet op duisternis ingesteld en dus is het hun buitengewoon goede neus waarop ze vertrouwen. Zo gauw ze een vleugje mensengeur opsnuiven gaan ze er hals over kop vandoor, hun veilige burcht in, om er pas uren later weer behoedzaam uit te komen. In sommige landen hebben ze de mens echter leren vertrouwen, zoals in Engeland, waar ze 's nachts hun kostje opscharrelen bij vuilnisbakken en cafetaria.

Het heeft eigenlijk nooit geboterd tussen dassen en mensen. Waarom wij die mooie en leuke dieren steevast en van oudsher als chagrijnig bestempelen mag Joost weten, maar het is wel een hardnekkig vooroordeel waarvan de das eeuwenlang de dupe is geworden. Waar een dassenburcht werd ontdekt, ging ogenblikkelijk de schop de grond in om de slotheer en zijn familie meedogenloos uit te roeien. Ook sneuvelden veel dassen in speciaal georganiseerde gevechten met honden. Om deze laatste een kans op overwinning te geven werd van de dassen eerst het kaakgewricht gebroken. De verbinding tussen hun boven- en onderkaak is namelijk zo sterk en ingewikkeld dat de kaken zelfs bij een ontvleesde schedel niet gescheiden kunnen worden zonder ze te beschadigen. Alle marters, tot welke familie ook de das behoort, hebben een dergelijk kaakgewricht omdat ze vaak heel grote prooidieren met hun tanden klemvast moeten houden.

Nee, fraai is ze niet, die relatie. Ik maakte me dan ook zorgen toen er op een heldere zondagochtend schoten klonken in het dal. In plaats van de gebruikelijke 'voor de voet'-jacht, had men een drijfjacht op touw gezet. De drijvers baanden zich luid roepend een weg door het bos, terwijl ze met stokken in de struiken en tegen de bomen sloegen. Boven het geschreeuw, het geblaf van de honden en het gerinkel van de belletjes aan hun halsbanden, torende het schel getoeter uit van een soort jachthoorn. Ondanks al dit misbaar kwamen er slechts wat duiven uit het bos gefladderd, die ogenblikkelijk werden neergehaald. Pas nadat de linie van drijvers de wijngaarden had bereikt, konden de jagers meer succes boeken: een drietal fazanten en een handvol rode patrijzen.

Toen de rust was weergekeerd, ging ik het bos in om te kijken hoe het met de dassenburcht gesteld was. In zo'n burcht leven meestal meerdere dassengezinnen vredig bijeen en natuurkenner Jean-Luc had er regelmatig een groep dassen zien ravotten en spelen: vaders, moeders en een heleboel kinderen. Hij kwalificeerde het als een *flowerpower family*. Op z'n Engels dus. Weinig Frans was ook de omzichtige wijze waarop hij mij de weg had gewezen naar de burcht. Daar toonde hij me de omgevallen boom waar de dassen de schors vanaf hadden gepeuterd om lekkere hapjes te kunnen bemachtigen. Insecten en larven en zo. Heel on-Frans was bovendien zijn geestdrift bij het vertellen over het gezellige sociale leven van de das. Hij leek zelfs wel een Nederlander toen hij het over normen en waarden ging hebben.

'Ze verdienen alle liefde en respect, dassen', zei hij, 'we kunnen zelfs een boel leren van hun omgang met elkaar. Waar maakt iedereen zich tegenwoordig zorgen over? Juist, over normen en waarden! Nou, kijk maar naar de das. Geen hechter gezin dan een dassengezin! En netjes dat ze zijn! Alle gangen en kamers worden keurig schoongehouden en er worden ventilatieschachten gegraven waardoor frisse lucht naar binnen komt. De bedden van gras en bladeren worden 's nachts buiten te luchten gelegd en regelmatig ververst. En rond de burcht zijn speciale kuiltjes die als wc dienst doen. Ongelofelijk!'

Klopt. En ook op zichzelf is de das uiterst netjes. Hij maakt op vaste tijden toilet, maar zal zich nooit binnenshuis de losse haren en de vlooien uit de vacht krabben. Het is een schoon beest en de mens zou zichzelf niet zijn als hij daar geen misbruik van maakte. Er worden nog altijd scheerkwasten uit dassenhaar vervaardigd. In Frankrijk gebruikt men dan ook hetzelfde woord voor das en scheerkwast, namelijk *blaireau*.

Maar hoe was het de levende scheerkwasten in het bos langs de Bourdic vergaan? Gelukkig prima. Het was er stil en ongerept. De dassenburcht lag er vredig bij. De wind ging zachtjes door de groene wildernis. De najaarszon was warm. Dichtbij zong een roodborstje. In de verte klonken schoten.

7
Slakken zoeken

De hemel is vol grote, rafelige wolken. Vuilwitte, donkergrijze, bruinviolette en zelfs zalmkleurige. Hier en daar een wak suikerzoet blauw. Het blauw van poëzieplaatjes en paaseitjes. Over de vallei in het oosten valt goudbruin zonlicht. Er hangen regensluiers boven. De monumentale regenboog die er net nog zo fier en kleurrijk overheen stond is plotseling opgelost. Het schouwspel is er niet minder indrukwekkend door geworden. Het applaus van de talloze in het kalme briesje ritselende en klapperende droge bladeren is dan ook terecht. Het maakt de stilte alleen maar groter. Geen vogels, geen krekels, geen stemmen. Niet eens een blaffende hond in de verte.

Er glijdt licht over het roerloze en geluidloze land. Roestig, oud licht. Als in de late herfst. De zon tuimelt door de wolken en steekt de heuvels en dalen in brand. Het vuur dooft meteen. Het licht gaat uit en dat herhaalt zich telkens. Totdat het ineens gaat regenen. Eerst aarzelend, dan gestaag. Een groot en rustig geruis vult de ochtend. Het is een geluid dat van ver en vroeger schijnt te komen. Hoe lang is het geleden dat het zo heeft geregend? In welk land was dat?

Het water kronkelt in kleine riviertjes de dalende zandweg af. Het kolkt en klatert en glanst in het bruine licht. Het vloeit in een bredere bedding samen waar de rotsen blootliggen en een kom vormen. Daar klimt de berm op naar de wijngaarden en daar schuifelt een oude man door het druipende, gele gras. Hij ziet eruit als oude Franse mannetjes eruit horen te zien: wijde, van kleur verschoten blauwe broek, geruit overhemd, pet op het verweerde, gebruinde hoofd. In de rechterhand heeft hij een knoestige stok, in de linker een plastic draagtas van de Intermarché.

'*Bonjour*', groet ik.

'*Bonjour*', groet hij.

Een grote windvlaag brengt alles in beweging. Het lijkt alsof het landschap een zucht van verlichting slaakt nu eindelijk stemmen de stilte doorbreken. De bomen en de struiken schudden het water van zich af en drinken zich vol aan het vocht dat in de grond begint door te dringen. De oude man neemt zijn pet af en zet hem meteen weer op. Er biggelen druppels over zijn wangen, alsof hij een potje staat te grienen.

'Eindelijk regen', zeg ik.

'*Ça fait du bien*', antwoordt hij. Om aan te geven waarvoor ze goed is, die regen, slaat hij met zijn stok op de struiken en de wijnstokken. 'Ik raap slakken', zegt hij. 'Die komen nu tevoorschijn, na de regen.' Hij houdt het tasje van de supermarkt op ooghoogte. Het is voor de helft gevuld. 'Vannacht heeft het ook al geregend', vertelt hij. 'Ik ben vanmorgen om zeven uur op pad gegaan. Dit is mijn derde vrachtje. De andere heb ik daar neergezet.' Hij wijst op twee witte draagtasjes die tegen een steen leunen. 'Het zijn geen grote slakken', legt hij uit, 'de zomer is te heet en te droog geweest voor de echte wijngaardslakken. Kijk, deze zijn kleiner. Ze hebben vier strepen op hun huisje. Dat zijn de slakken van hier. Ze kunnen tegen de zomer. Er zijn een boel wijngaardslakken gestorven.' Hij houdt de draagtas voor me open zodat ik de grote tros slakken kan bekijken. Hier en daar beweegt iets, zacht en glinsterend. Ik ruik de geur van nat gras, van leem, de geur van de Languedoc in de regen.

'Het wordt tijd dat ze de druiven oogsten', zegt de oude baas. Ik kijk naar de wijngaard, die huivert in de tochtige wind. Ik knik. Het water druipt over mijn gezicht.

'*Bonne chance*', zeg ik.

'*Merci*', antwoordt hij.

'*Au revoir.*'

'*Au revoir.*'

8

Een brandende vlinder

Tussen de hier altijd late herfst en het zo vroege voorjaar ligt het stukje niemandsland van de winter. Dan is het stil. Dan heerst er rust in de ondiepe vallei van de Bourdic waar wij vanuit ons huis over uitkijken. De velden en de dorpjes die tegen de heuvels aan de overkant liggen te dommelen, zijn dan in winterslaap, ook al schijnt de zon, bloeien er zelfs in januari bloemen en kleurt een tapijt van *fausse roquette* de akkers en de wijngaarden net zo wit als de sneeuw dat met de velden in het noorden doet.

Vlak voordien is er echter nog een boel bedrijvigheid. Er wordt volop geploegd zodat het omgewoelde landschap alle mogelijke schakeringen bruin krijgt, er wordt gekapt en gesnoeid. Niet alleen die grote bergen snoei- en afvalhout worden dan in brand gestoken, maar ook bermen, slootkanten en braakliggende terreintjes. In de eerste weken van oktober, na de wijnoogst en na de eerste grote regen, stijgen overal rookpluimen op. Op een rustige dag zijn het er vaak tientallen, verspreid over het dal. Dat brengt een heel speciale geur in de schone, droge herfstlucht. Houtig en prikkelend is ze, maar ze doet ook denken aan de warme keuken, de open haard, het eten op tafel en vooral aan die goeie ouwe Hollandse gerookte paling. Toch doet ze ook de alarmbel rinkelen, want vuur is in principe bedreigend. De geur van houtvuur is door deze twee aspecten een van de meest primitieve en elementaire geuren.

Toen ik hier bij mijn pas betrokken huis in Frankrijk voor het eerst de geur van houtvuur rook, bracht dat dan ook een ferme stoot adrenaline in mijn lijf teweeg. Brand, dacht ik. Ik wist het. Het noodlot had ons weten te vinden! Alles was er klaar voor: de natuur was door de zomerzon volledig uitgedroogd, het was zinderend heet en er stond een stevige wind. Manja had er ook al lucht van gekregen. Ze kwam naar me toe en wees naar de steeneiken die het terrein omgeven, dat wij de abrikozenwei noemen omdat er abrikozenboompjes staan. Ze waren nauwelijks zichtbaar achter de dikke, witte rook die er ineens voorlangs trok. 'Brand', zei ze.

We gingen ogenblikkelijk poolshoogte nemen aan de overkant van het centrale veld van ons bijna drie hectaren grote terrein, waar een zandweg loopt van noord naar zuid. De wind blies er heet en heftig. Links was niets te zien, behalve de stofwolken boven de grijzige *garrigue*. Maar rechts stond de boel in brand. Het vuur had daar een metershoge muur opgetrokken van oogverblindend felle vlammen.

Veel meer dan een seconde hadden we niet nodig om de ernst van de situatie in te zien. We keken elkaar een fractie van een ogenblik in de ogen. Daar ging ons huis! Daar ging ons pas verworven stukje Frankrijk! Meteen daarna zetten we het op een lopen, zo hard als geen van beiden ooit had gedaan. Terug op het honk trad alarmfase één direct in werking. Ik gaf ons namelijk hooguit een kwartier voordat de aanstormende vlammen het huis zouden bereiken. Ze werden al zichtbaar achter de bomen. Dikke rookwolken rolden over het veld, voortgeduwd door de wind, terwijl een knetterend geruis angstaanjagend snel aanzwol.

We verdeelden de taken. Onze dochter, die toevallig op bezoek was, belde de brandweer. Onze zoon, die bij ons zijn vakantie doorbracht, reed de auto's onder de bomen vandaan en parkeerde ze op de oprit buiten het bereik van de vlammen. Manja liet de honden in de terreinwagen en bracht waardepapieren en geld in veiligheid; ikzelf sjorde de polsdikke zwarte slangen van het besproeiingssysteem uit de abrikozenwei om daarmee post te vatten bij de poort in de muur tussen de tuin en de weilanden.

Bezweet, oververhit, hoestend en met tranende ogen stonden we met zijn vieren in de massieve rook klaar voor de strijd, toen er sirenes loeiden en drie brandweerwagens arriveerden. Terwijl onze zoon op zijn plek bleef om het huis te bewaken, holden wij er achteraan, achter de knalrode jeep en de twee spuitwagens. Een twintigtal mannen in brandweerpakken omsingelden het vuur meteen nadat ze de situatie in ogenschouw hadden genomen. Ieder van hen deed snel en efficiënt zijn werk met zagen, bijlen en slangen. Het ging er zo harmonisch en goedgeorganiseerd aan toe dat er zich al na hooguit een minuut of twee een kolossale waterstraal in de vuurzee stortte. Maar die liet zich uiteraard niet zonder slag of stoot bedwingen. De vlammen laaiden hoog op en wierpen zich in een bulderende en kolkende vloedgolf voorwaarts. Een verzengende hitte besprong ons. Iedereen deinsde terug, wijzelf en het handjevol buren en boeren dat was komen kijken. Behalve de *sapeurs pompiers*. Die wisten de brand binnen anderhalf uur volledig onder controle te krijgen. Tegen vijf uur was het vuur helemaal gedoofd. Waar eens een wildernis van gras en struiken was geweest, waar de wielewaal jodelde en de hop riep, hobbelde en bobbelde nu een zwartgeblakerd, dampend terrein, waarop alleen de steeneiken vrijwel onaangedaan van de schrik stonden bij te komen.

Het was onze redding geweest, vertelden de brandweerlieden ons later, dat de harde mistral het vuur zó snel door de ondergroei had gejaagd dat de boomkruinen geen vlam hadden kunnen vatten. Bij minder wind waren ook onze velden en stukken bos er vrijwel zeker helemaal aangegaan.

Terwijl we met z'n allen zo stonden te praten, streek een distelvlinder neer op een nog nagloeiend stuk hout. Hij vatte vlam, vloog op, fladderde brandend verder en tuimelde in de as. Ik liep er naartoe en keek. De engelenvleugeltjes waren duivelsvlerkjes geworden. Ik zette mijn laars op het diertje. Hier zal ik ooit nog eens over schrijven, dacht ik.

9

Alles moet dood

De eerste berichten van het front kwamen via de radio. In het ochtendjournaal werd op dramatische wijze uit de doeken gedaan hoe een jager zijn honden wilde volgen, over een droge sloot probeerde te springen en daarbij ten val kwam. Hierdoor ging zijn geweer af en trof de hagel uit beide lopen hem vol in het gezicht. Dat hij op slag dood was behoefde geen betoog, zei de nieuwslezer.

Het lijkt inderdaad wel oorlog, de jacht in Frankrijk. Oorlog tegen de natuur. Het was op zondagochtend 5 oktober dat de artillerie de strijd opende. Dierendag was nog maar een paar uur achter de rug of daar klonken bij zonsopkomst van alle kanten felle salvo's. Het kabaal deed denken aan oudejaarsavond in een Nederlandse stad. In de verre heuvels was het geratel en gesputter niet van de lucht en dichtbij werd de ochtend telkens verscheurd door oorverdovende knallen. Deze laatste waren afkomstig van de vervaarlijke geweren van de mannen die in linie door de aan onze tuin grenzende wijngaard trokken. Ze zagen eruit als de soldaten in *The Deer Hunter* en de *Tour of Duty*-films: camouflage-uniformen, patroongordels kruislings over de borst, aan de koppelriem bungelende jachtmessen en veldflessen, junglelaarzen, machovesten vol zakken en ritsen en ongetwijfeld kogelvrij, alsmede allerlei soorten vechtpetten en -hoedjes. Er waren er zelfs die heel nonchalant een rode doek om het hoofd hadden geknoopt, zoals zeerovers of Amerikaanse helden in Vietnam-oorlogsfilms. Uiteraard hadden deze Franse krijgers jachthonden bij zich, die kriskras door de wijngaard renden en zich kenbaar maakten door luid rinkelende belletjes aan de halsband. Deze *clochettes* moeten voorkomen dat de jagers hun honden kwijtraken, maar natuurlijk ook dat ze hen voor wild aanzien en op een schot hagel trakteren.

Het was D-day voor de levende wezens rond mijn huis. Het was erop of eronder! Wie zich niet verborgen wist te houden, was de sigaar. Wat bewoog was ten dode opgeschreven. Wég, de grote oude haas die in de braambosjes bij de dode eik woonde! Wég, de kwieke patrijzen die door de wijngaard holden! Wég, de merel die de lente in de *garrigue* een vleugje Nederland gaf!

Fransen houden niet van de natuur. Ze beschouwen haar als een onuitputtelijke openluchtsupermarkt, waar je naar believen vlees, vruchten, noten, vis en paddenstoelen uithaalt. Je moet haar kort houden, de natuur. Ze is er voor de mens en niet voor de planten en de dieren. Wie een andere mening is toegedaan, wordt gewantrouwd. De gemiddelde Fransman heeft dus niet veel op met natuurbeschermers: zij die voor de natuur zijn, zijn tegen de mens. Natuur is er om te gebruiken, niet om te bewaren en te beschermen. En dus is het platteland elke herfst één gigantisch slagveld waar honderdduizenden vogels en zoogdieren sneuvelen. Alleen al van de wilde zwijnen worden er jaarlijks 250.000 geschoten!

Jagen is in Frankrijk geen vrijetijdsbesteding, geen hobby en al helemaal geen vorm van natuurbeheer. Het is een cultuur, zeker op het platteland. Het is een traditie die van vader op zoon overgaat en die van een man een échte man maakt. Met een geweer in je handen, met een patroongordel om je lijf en met een jachtmes aan je riem ben je pas een kerel. En kerels, die trekken ten strijde! Bij gebrek aan Romeinen, Engelsen of Duitsers om tegen te vechten, wordt er oorlog tegen de natuur gevoerd. De strijdmacht die wordt ingezet is enorm. Alleen al de CPNT, de bond van *Chasse, Pêche, Nature et Traditions*, telt 1,6 miljoen leden die een dwarsdoorsnee vormen van alle Franse klassen en beroepsgroepen. Het is een machtige beweging en dat is de reden dat de overheid het jagen nog steeds niet in overeenstemming durft te brengen met de Europese regels op dit gebied. Welke regeringspartij kan zich immers permitteren massa's kiezers te verliezen door het aan banden leggen van de jacht? Trouwens, de meeste bobo's jagen zelf ook.

En dus gaat de strijd tegen de levende natuur gewoon door. De Franse jagers mogen nog altijd het Europese recordaantal van 51 diersoorten schieten, over een grotere periode dan in welk ander land ook. Maar bij gebrek aan controle schieten ze er veel meer. Ze leggen simpelweg alles om wat hun voor de loop komt. Het gaat hun namelijk om het schieten en het doden op zich. In november van het vorige jaar stond er eens een enkele jager bij ons in de wijngaard urenlang onafgebroken te knallen in grote groepen overvliegende trekvogels. Het regende werkelijk vinken en lijsters. Maar de man nam niet eens moeite de gesneuvelde dieren op te rapen!

10

'Allô?'

Drie of vier? Ik weet het niet meer precies, het wekelijkse aantal uren Frans dat we op het gymnasium kregen. Genoeg om Voltaire te kunnen vertalen, te weinig om in Parijs een broodje kaas te kunnen bestellen. Het probleem was namelijk dat we afgericht werden op het vertalen uít het Frans. Leren práten in die taal was er niet bij.

Voordat we naar Frankrijk verhuisden moest ik dus weer vanaf het begin beginnen. Uiteraard bleken toch nog heel wat hersencellen gevuld te zijn met Franse woorden en grammatica, maar met de mij eigen nauwgezetheid startte ik helemaal van voren af aan. Met: '*Fermez la porte, s'il vous plaît*' en '*J'ai seulement cent francs*'. De euro was er toen nog niet.

'*Bien installé en France*' ging het spreken en verstaan eigenlijk best goed. Ik leerde iedere dag bij en vooral af. '*Il faut parler français aussi souvant que possible*', zei ik tegen iedere Fransman die het maar horen wilde, 'je moet zo vaak mogelijk Frans praten'. Waarop mij steevast het compliment werd gegeven dat mijn Frans uitstekend was. '*On se débrouille*', 'we redden ons', antwoordde ik dan, Manja in de conversatie betrekkend, die al net zo hulpeloos stond te grijnzen als ik onder de stortvloed van het Frans dat we te verwerken kregen als gevolg van de misvatting die we bij onze gesprekspartner teweeg hadden gebracht als zouden we vloeiend Frans spreken.

Het lastigst was het telefoneren. Niet zozeer wanneer je zelf belde. Dan noemde je netjes je naam en stelde je vervolgens keurig de soms grondig voorbereide vraag die je in petto had. Nee, het opgebeld worden, dat vormde dikwijls een onoverkomelijk probleem.

De moeilijkheid daarbij was dat je er pas achterkwam waarover het allemaal ging nadat de andere kant van de lijn uitgepraat was. Intussen was je zo druk geweest met het ontcijferen van de kern van de boodschap dat alle overige informatie volledig aan je voorbij was gegaan. '*Le plus difficile d'une conversation avec des Français c'est de comprendre le français parlé*', had ik in mijn cursusboek gelezen, 'het moeilijkst van een gesprek met Fransen is het begrijpen van de spreektaal'. Klopt als een bus. Vooral telefoneren dus! Hoe dikwijls is het niet voorgekomen dat ik na afloop van een 'gesprek' niet eens wist met wie ik had gesproken?

Daar moet je trouwens vaak uitdrukkelijk naar vragen, naar de naam van je gesprekspartner. Zeker als ze de telefoon opnemen maken Fransen zich niet gemakkelijk bekend. Bijna altijd volstaan ze met het roepen van '*Allô*'. Op vragende toon: 'Allô?' Dat is geheel tegengesteld aan onze Nederlandse gewoonte. Terwijl wij ons door het noemen van onze naam bekendmaken wanneer we de telefoon opnemen, vragen Fransen aan degene die belt om zich bekend te maken. Handig is dat niet: je moet altijd verifiëren of je wel de juiste persoon aan de lijn hebt. Je belt, je hoort 'Allô?', je noemt je naam en je vraagt vervolgens of je wel met die of die spreekt.

Het is nogal een omweg, die manier van doen. Het vraagt onnodig veel woorden en dus onnodig veel tijd. Het is niet efficiënt, vinden wij Nederlanders met de nuchtere zakelijkheid die ons typeert; een net zo karakteristieke eigenschap als die van het klakkeloos en onbevangen vrijgeven van onze identiteit en privacy. Zoals wij 's avonds de gordijnen wijd open hebben zodat Jan en alleman regelrecht in onze huiskamer kan kijken, zo noemen wij meteen onze naam bij het opnemen van de telefoon. Zonder blikken of blozen zouden we er zó onze leeftijd, ons beroep en ons salaris achteraan vertellen.

Fransen beschikken over een gezonde portie achterdocht. Ze kijken eerst de kat uit de boom voordat ze zich bekendmaken. Het is inderdaad een feit dat je inbreuk maakt op iemands privacy door hem te bellen. Stap je in de 'gewone' wereld op iemand af, dan doe je dat normaliter pas nadat je je ervan hebt vergewist dat je hem niet stoort. Staat hij met iemand te praten of loopt hij juist richting toilet, dan wacht je even. Maar wanneer je opbelt houd je simpelweg met niets of niemand rekening. De Fransman heeft dan sterk de neiging om de in zijn privacy inbrekende opbeller een ogenblik op veilige afstand te houden. Hij vraagt slechts 'Allô?' en wacht af om te onderzoeken wat voor vlees hij nu weer in de kuip heeft.

Privacy is in Frankrijk van het allergrootste belang. Fransen schermen zichzelf af van alle andere Fransen en de legers vreemdelingen die van lieverlee hun land bezetten. Dat doen ze figuurlijk door een muur om zich heen te bouwen tijdens de conversatie, maar ook letterlijk door hun huis en grond te ommuren. Niemand uit de boze buitenwereld mag er zomaar in. Fransen leven *intra muros. Chacun chez soi.* Liefst nog bewaakt door honden.

Zo zit dat hier. De ogen van onze aannemer rolden dan ook bijkans uit hun kassen van verbazing toen ik hem opdroeg om een stuk van de muur rondom ons huis te slopen. Hoe kreeg ik het in mijn hoofd het anderen gemakkelijk te maken om mij direct te benaderen. Houd ze zo ver mogelijk van je weg. Ook aan de telefoon!

11

Bang voor paddestoelen

'Het is hier al een beetje Afrika', merkten vrienden uit Nederland op. 'Alles steekt en prikt. Als je al niet een zonnesteek oploopt, haal je je armen en benen wel open aan de stekels en de doornen waarmee de planten en bomen bezaaid zijn. En het zijn niet alleen de planten. Ook de dieren zijn zwaar bewapend. Je hebt wespen en venijnige mieren, schorpioenen en ongeveer tienduizend soorten muggen en steekvliegen. Niet mis! Het is hier echte bush. Een agressieve natuur. Hard, droog en scherp.'

'Klopt', antwoordden wij.

'En tussen al die doornen, stekels, angels, kaken en tanden leven dan ook nog eens hagedissen van minstens een halve meter lang. We lazen in een boek – dat zal wel weer van Peter Mayle zijn geweest – dat als die beesten een stok wordt voorgehouden, ze er zich dan zo vastberaden in vastbijten dat je ze aan de stok kunt meenemen.'

'Vergeet de slangen niet', zeiden wij.

'Er zijn slangen', riepen onze vrienden uit, 'die meestal opgerold in de zon liggen, maar die uitgerold wel een lengte van twee meter lang kunnen hebben!'

'Weet je wat helemaal een verschrikking is?' vroegen wij, om er het antwoord meteen maar achteraan te geven. 'Dat zijn de *crapauds*, de padden hier, die wel zo groot als een voetbal kunnen worden. Je struikelt er in het donker gemakkelijk over. Koude, vieze en ongevoelige dieren zijn het en zo lelijk als de nacht. Als je er per ongeluk tegenaan schopt, scheiden ze een giftige vloeistof af. De mensen dachten vroeger dat het duivelsdieren waren.'

'Daarom werden ze natuurlijk in verband gebracht met paddestoelen', merkten onze vrienden heel snugger op. 'Pad en paddestoel, wat een nare combinatie. Hobbelig, knobbelig, vies en giftig.'

'Zo denken de mensen er hier niet over', was ons antwoord. 'Er is wat dit betreft een opvallend verschil met niet alleen Nederland, maar ook met andere noordelijke landen. Daar zijn de meeste mensen bang voor paddestoelen. Ze hebben er een instinctieve afkeer van. In zulke landen worden dan ook massa's paddestoelen lukraak omver geschopt of op andere manieren vernietigd. Hier in het zuiden gaan veel mensen de bossen en de *garrigue* in om paddestoelen te verzamelen. Vooral de plattelandsbevolking weet er veel vanaf. Men praat met deskundigheid over het zoeken, selecteren en bereiden ervan. Het aantal vergiftigingsgevallen als gevolg van het eten van verkeerde paddestoelen is dan ook klein. Dat komt mede doordat bij de ingang van de apotheken grote posters hangen met afbeeldingen van giftige soorten. Alleen dat verschijnsel al toont aan hoe intensief men zich er hier mee bezighoudt. Als je een mandje paddestoelen hebt geplukt, kan je er bovendien mee naar de apotheker zelf gaan, voor controle. Hij haalt er de oneetbare of giftige exemplaren voor je uit.'

'Ook bij ons zijn vergiftigingen uiterst zeldzaam', beweerden onze vrienden. 'Wellicht omdat er nauwelijks paddestoelen worden gegeten, behalve natuurlijk die bleekscheten van supermarktchampignons.'

'Hier kan je wel tien verschillende soorten krijgen, ook in de supermarkt. Rechtstreeks uit de natuur. Oesterzwammen, eekhoorntjesbrood, cantharellen en ga zo maar door. De grootste risicogroep hier zijn de buitenlanders die uit paddestoelonvriendelijke landen komen, zich hier ineens bekeren tot de liefde voor paddestoelen en dan zomaar van alles uit het bos halen.'

'Er zijn toch methoden voor? Om te ontdekken of een paddestoel giftig is? Als je bijvoorbeeld een zilveren lepeltje meekookt en het wordt zwart, dan is het mis.'

'Van een ui wordt dat ook gezegd. Ui of lepel, het is onzin. Net zo onwaar als de bewering dat giftigheid wordt aangetoond wanneer zout dat op de plaatjes van de onderzijde van de hoed wordt gestrooid, geel wordt. Het is gewoon het eiwit. Paddestoelen bestaan voor een groot gedeelte uit eiwit en dat bevat altijd zwavel. Het is dit zwavel dat een zilveren lepel donker kleurt. Eieren brengen hetzelfde teweeg. De zwavel veroorzaakt zilversulfide dat in een dun laagje geel is en in een dikkere laag bruin of zelfs zwart. Het is ook de zwavel in de atmosfeer die zilver doet verkleuren. Met giftigheid heeft het niets te maken.'

'Wat je ook wel hoort is dat paddestoelen die door dieren zijn aangevreten niet giftig zijn. Maar ook dat schijnt niet te kloppen. Konijnen bijvoorbeeld kunnen zonder gevaar giftige paddestoelen eten, omdat ze over speciale afweerstoffen beschikken. Ook varkens hebben zulke stoffen in hun lijf.'

'Mensen ook', zeiden wij. 'Kijk naar de paddowinkeltjes in Nederland. Die zijn als paddestoelen uit de grond geschoten. De consumptie van allerlei eigenlijk oneetbare soorten bewijst dat wij best wel wat gif kunnen verdragen.'

12

Chacun chez soi

Buurman H. beweert dat buurman M. zijn witte *camionette* uit het wagenpark van de gemeente Uzès heeft gestolen. Inderdaad is het busje voorzien van signaaltekens die wel wat weg hebben van wat er op dat gebied in de wegenbouw en bij de gemeentewerken gebruikt wordt. Buurman M. komt trouwens niet altijd met dat busje naar zijn grondstuk, dat aan het noordelijke gedeelte van het onze grenst. Vaak rijdt hij ook rond in zijn terreinwagen, zijn 4 x 4 zoals de Fransen zeggen: *quatre-quatre*. Maar hoe hij ook komt, altijd springt een roedel van drie honden uit de *voiture*. Het zijn drie vervaarlijke roofdieren: een Duitse herder, een duivelse Dobermann en een leverkleurig gevaarte dat niet alleen het formaat maar ook de zelfverzekerde gang van een eland heeft. Het was door dit agressieve drietal dat Manja op een dag werd aangevallen, nota bene op ons eigen terrein. Gelukkig kwam ze met de schrik vrij, zoals dat heet, maar toen ze haar beklag deed kreeg ze van buurman M. te horen dat we dan maar een hek of een muur om onze grond moesten laten aanleggen.

Zo denkt buurman M. en zo denken heel veel Fransen. Een stuk grond waar geen hek omheen staat is van iedereen. De overheid is het ermee eens dat bijvoorbeeld jagers zich vrijelijk over alle niet door hekwerken omgeven terreinen mogen bewegen. Is je stuk bos, veld of *garrigue* niet omheind, dan mag het door elke bewapende Franse ingezetene worden leeggeschoten. De ronde bordjes die je in de supermarkten, bouwmaterialenwinkels en bij *Monsieur Bricolage* kunt kopen helpen niets. '*Propriété privée: accès interdit*', daar trekt niemand zich iets van aan, evenmin als van '*Chasse interdite*' en '*Chasse réservée*'. Het gebeurt nogal eens dat jagers zulke bordjes met hagel doorzeven om te benadrukken hoeveel lak ze eraan hebben.

'*Une belle propriété privée entourée de grands murs et d'une grille*', dat is de Franse Droom. In Frankrijk bakent men zijn territorium zo duidelijk mogelijk af. '*Chacun chez soi, chacun pour soi*', dat is het motto. Een sterk hekwerk met een afsluitbare poort om de tuin of liever nog een hoge, dikke muur, zodat je voor de boze buitenwereld niet eens zichtbaar bent, dat geeft je een veilig en zelfverzekerd gevoel. Helemaal volmaakt wordt het domein wanneer de muur afgewerkt is met glasscherven, metalen punten of prikkeldraad en alles bewaakt wordt door camera's en boosaardige honden. Binnen zo'n vesting is men koning. Niets of niemand kan hem daar deren of de wil opleggen. En behalve binnen de muren rond zijn tuin, verschanst de Fransman zich bovendien nog in het fort van zijn gedachtewereld en geestelijk leven. Ongenaakbaar is hij en onbenaderbaar. Hij is baas in eigen burcht.

In de ogen van de buurman zijn wij Nederlanders ongetwijfeld softe sufferds. Door geen hek of muur te plaatsen geven wij aan dat het ons niet kan schelen of de grond van ons is en of anderen er gewoon maar overheen lopen. Dat is de reden dat hij geen enkele moeite doet om niet alleen zijn honden maar ook zijn paarden in het gareel te houden. Hij heeft er wel een stuk of dertien, die allemaal binnen omheinde stukken *garrigue* grazen, maar die telkens uitbreken omdat er geen '*clôture électrique*' of prikkeldraad is aangebracht. De dieren wandelen onze weilanden in om er zich tegoed te doen aan de grassen en kruiden. Wij bellen hem dan op, de buurman, maar die laat altijd het antwoordapparaat het vuile werk doen. Toch zijn de paarden steevast na een poosje weer verdwenen.

Ik denk er dus over om een hek te laten plaatsen. Rondom ons terrein. Het is wel duur en een boel werk, maar het lijkt me best chic. Zo'n hek houdt iedereen buiten de binnenwereld en binnen de buitenwereld en laat duidelijk zien waar de grens is tussen ons en de ander. Misschien laat ik de spijlen wel van variabele diktes maken, zodat ze verschillende klanken teweegbrengen als je er met een stokje op slaat. Net als bij een metallofoon. Ik zou die variatie in diktes – en dus in klanken – zo kunnen laten aanbrengen dat er een melodie opklinkt wanneer je, langs het hek lopend, een stok langs de spijlen haalt. Een lied dat bij ons past. Een soort volkslied van ons eigen stukje land in Frankrijk. Wat zou dat alles ons territorium écht van ons maken! Zó Frans zijn wij al aan het worden...

13

Herfst in het hoofd

Veel kunstenaars beleven behalve de vier natuurlijke seizoenen nog een vijfde. Dit is het onderwerp van een essay van Joost Zwagerman. Het is het seizoen van de melancholie, de depressie, de noncreativiteit, de wanhoop. Een soort tweede najaar, dat is het, maar dan in de geest. Herfst in het hoofd. Het is voor een poos afgelopen met de geestelijke groei en bloei. De rommel die achterblijft vergaat en verteert. Maar intussen ontkiemen de vruchten en de zaden die voor nieuw leven en nieuwe schoonheid gaan zorgen.

Ik kan mij volledig vinden in deze theorie. Er is veel te zeggen voor het idee dat orde uit chaos wordt geboren. Zo gaat het zowel in bos en veld als in het menselijke leven. In een bepaald seizoen valt het onbruikbare en afgestorvene uiteen tot de bouwstenen van het nieuwe leven. Vóór het bouwen moet er eerst worden gesloopt!

Je zou haast denken dat het deze gedachtegang is die ten grondslag ligt aan het grote stukmaken dat bij ons in de Zuid-Franse natuur jaarlijks plaatsgrijpt. Als dit inderdaad het geval is, is het uiteraard volstrekt onbewust. Ik verdenk de bestuurders van de kolossale, gele natuursloopmachines immers niet van het hebben van diepzinnige ideeën. Ze stappen 's ochtends na hun *petit café* werktuigelijk in hun mechanische monsters en beginnen met het wegbreken en afhakken van alle vegetatie die gedurende de zomer in bermen en sloten is opgeschoten. Die machines zijn uitgerust met kolossale grijparmen, die niet alleen planten en struiken uit de grond rukken of wegduwen, maar ook takken van de bomen breken, scheuren en draaien, waarbij vaak halve bomen opgefrommeld worden tot versplinterde en verminkte gedrochten. Waar zulke machines hun werk hebben gedaan, ziet de natuur eruit alsof er een veldslag heeft gewoed, alsof er een kudde dinosaurussen is langsgekomen of honderd Afrikaanse olifanten zich er hebben uitgeleefd.

De kracht en de onverschilligheid waarmee de natuur op deze wijze te lijf wordt gegaan, is onvoorstelbaar en het resultaat onthutsend. Maar wanneer het voorjaar aanbreekt, verdwijnt het verminkte hout in het groen, worden de weggescheurde takken overwoekerd door bramen en ontstaan er ontoegankelijke stukken totale wildernis waarin geen mens zich waagt. Ze vormen het veilige domein van dieren en planten. In de herfst daarna is alles allang weer opgenomen in de natuur. En dan komt de machine opnieuw om het werk te doen dat lang geleden de taak was van oeros en eland.

De Fransen hebben gelijk: de natuur is de vuilnisbak van zichzelf. Maar ze hebben het mis wanneer ze denken dat de natuur ook de vuilnisbak van de mens is. En dat denken ze! In de Midi worden ook huisvuil, bouwmaterialen, sloopafval, oude auto's en afgedankte huishoudelijke apparaten in de sloot, in de berm of in het ravijn gedonderd. Indien men daar al een gedachte bij heeft, dan zal die wel voortkomen uit het rare idee dat ook niet-natuurlijk afval opgenomen wordt in de kringloop van dood en leven.

In de bedding van het riviertje de Bourdic dat niet ver van mijn huis stroomt, is hier en daar zo'n stortplaats. En ligt er eenmaal rommel, dan komt er rommel bij. Waar vandaag opengebarsten vuilniszakken rondslingeren, hangt morgen een gescheurde matras of een plastic tuinstoel in de struiken. De mensen hier geven wat dit betreft niet zichzelf de schuld. Zoals alle grote problemen is ook dit probleem te wijten aan buitenlanders. Buitenlanders zijn net zo zuinig op hun eigen land, zo wordt tegen beter weten in beweerd, als dat ze van Frankrijk een zootje maken. Met name Zwitsers moeten het ontgelden.

Onterecht natuurlijk. Fransen vinden troep en oude rommel heel gewoon. Niet alleen in het vrije veld, maar ook bij zichzelf thuis. Hun tuinen hebben vaak veel weg van sloperijen, van opslagplaatsen van bouwmaterialen en van autokerkhoven. Maar er gloort licht aan de horizon. Zo is men in onze gemeente begonnen met het scheiden van afval. Daartoe waren bij de *Mairie* drie soorten vuilniszakken te verkrijgen. Die moesten op zaterdagochtend langs de weg worden gezet, terwijl de normale vuilnisophaaldienst gewoon op dinsdag zou blijven komen. Dat laatste bleef inderdaad zoals het was, maar de zaterdagse ploeg is nooit komen opdagen.

Tot voor kort hadden we hier bij het dorp zelfs nog zo'n echte derdewereld-vuilnisberg. Ze lag in de hitte te rotten en te stinken, te midden van de vermaarde wijnvelden. Iedereen gooide er maar op wat hij wilde, terwijl arme sloebers en bric-à-brac-handelaren er rondscharrelden op zoek naar spullen van hun gading. Sinds kort is deze vuilstort gesloten. Het weggetje ernaartoe werd van de ene op de andere dag versperd met grote blokken steen, waaromheen echter al vlug een nieuwe vuilnisbelt ontstond. Voor sommigen is de weg naar de nieuwe stortplaats kennelijk te ver. Jammer, want ze is beslist de moeite waard. Ze is van Europees kaliber. Er is een gaaf geasfalteerde oprit naar een zestal containers, elk voor een speciaal soort afval. Bij aankomst word je netjes begroet door een keurige man, die al je gegevens noteert op een deftige lijst. Vuilnis heeft ineens status gekregen. Ik was daarom een ogenblik bang dat het storten geld zou gaan kosten. In dat geval zou de Bourdic binnen een jaar geheel met vuilnis zijn volgedumpt, van de Cévennen tot de Gardon!

14

Put voor gemeenschappelijk gebruik

'Er is', zo beloofde de makelaar op geruststellende toon, 'een put voor gemeenschappelijk gebruik.' Manja en ik keken elkaar bezorgd aan. Een put? Wat moesten wij ons voorstellen bij een put? Hopelijk niet zo'n bijbels geval waaromheen de vrouwen en de oude kereltjes uit de omtrek zich verzamelen om de laatste nieuwtjes en roddels uit te wisselen! Maar wat dan? Zo'n bouwwerkje soms, in de schaduw van platanen of cipressen, met een sputterende machine erin die via door de zon kromgetrokken buizen het *quartier* van water voorziet?

'Nee', verzekerde de makelaar, 'een goede put. Een echte, heel moderne, die fris en schoon water geeft. Heel lekker bovendien. Prima drinkwater.' Hij maakte met de rechterhand het *bon, bon, très bon*-gebaar en voegde daaraan toe dat hij er vaak heerlijk van gedronken had, van dat water.

Wij kochten het huis en daarmee een onder een ferme putdeksel schuilgaande buis, die 180 meter diep in de wereldbol steekt om met behulp van een elektrische pomp water te zuigen uit wat de overbuurman later een ondergronds meer zou noemen. Dit systeem, dat in Frankrijk *forage* wordt genoemd, stuurde in ons geval het water drie kanten op. De belangrijkste toevoer voedt het huis. Een tweede leidde naar de buitenkranen op de noordzijde van de tuinmuur en een derde naar de kranen op de zuidkant, naar het zwembad en indertijd ook naar een dikke zwarte buis die al na enkele meters schuilging onder hoge, droge vegetatie. Het was deze zwarte slang die het beruchte addertje onder het Franse makelaarsgras vormde.

De buis boog zuidwaarts af en kwam na een poosje hobbelen en kronkelen in een moerassig gebied terecht. Mooi was het daar! Weelderig groen, waterplassen vol kikkers, blauwe en gouden libellen, bloemen in alle kleuren van de regenboog. Al die natuurlijk rijkdom was te danken aan een afsplitsing van de zwarte buis, waaruit het water vrijelijk wegstroomde. De buis zelf vervolgde gewoon zijn weg, klom de droge hoogte in, passeerde ten slotte de grens met de buurman en verdween tussen diens autowrakken en geitenhokken.

'Water moet lopen', verklaarde de buurman later, 'anders wordt het vies en gaat het stinken.' Ik antwoordde dat dit allemaal wel zo kon zijn, maar dat intussen mijn *forage* onafgebroken op volle toeren draaide.

'Mijn elektriciteitsrekening trouwens ook', voegde ik eraan toe. Mooie praatjes waren het! Een betrouwbare makelaar! 'Put voor gemeenschappelijk gebruik...' Zo kende ik er nog wel één! Maar de buurman zag er natuurlijk geen probleem in. Tenslotte had hij gratis water. Dat was bij de vorige eigenaar van ons huis wel anders geweest! Toen had hij als tegenprestatie allerlei klusjes moeten verrichten.

'Afsluiten', zo luidde van alle kanten het advies. Toch waren het niet die aansporingen die ons dat besluit deden nemen. Het waren de verbouwing en uitbreiding van ons huis die ons er ten slotte toe brachten. De watervoorziening moest immers geheel gereorganiseerd en vernieuwd worden, aangezien niet alleen de capaciteit van het drukvat ontoereikend bleek, maar bovendien het water absoluut niet drinkbaar was. Lijnrecht in tegenstelling tot de beweringen van de makelaar was het bacterieel vervuild en had het een veel te hoog ijzergehalte. Een grote batterij moderne filters, waaronder een ultravioletfilter, moest soelaas gaan bieden. Dat alles zou een flinke duit kosten, en omdat de buurman geen aanstalten maakte tot het doen van een voorstel omtrent een bijdrage van zijn kant, ging voor hem de kraan dicht.

We nodigden hem uit voor een *apéritif* en daar zaten we dan bijeen op een sombere namiddag in november. Zoals altijd liet buurman zich de wijntjes meer dan uitstekend smaken. Achter zijn brillenglazen twinkelden zijn ogen van plezier en zijn stekeltjeshaar leek nog brutaler dan anders overeind te staan. Het plezier was echter van korte duur. Ik legde hem uit dat de winter op komst was en dat we dus vorst zouden krijgen, misschien wel zo streng dat het zwembad dicht zou vriezen en het water in de zwarte buis in ijs zou veranderen. Dat dan die buis zou openbarsten. Dat de buis dus weggehaald moest worden, nadat de betreffende hoofdkraan voorgoed was dichtgedraaid.

'Dat hoeft niet', zei de buurman, 'je moet de kraan dichtdraaien en het water uit de buis laten lopen. Dan is hij leeg. Na de vorst gaat dan de kraan weer open.'

'Nee', zei ik, 'hij gaat dicht...'

'Tuurlijk', zei de buurman, 'maar...'

'En hij blijft dicht', zei ik, om er na een lange stilte aan toe te voegen: 'Voorgoed.'

En ik begon omslachtig uit de doeken te doen dat er een boel dure filters aangeschaft gingen worden en dat de elektriciteitsrekening geweldig zou oplopen. En vervolgens vertelde ik nog heel veel meer, waarvan het meeste echter in buurmans hoofd de weg kwijtraakte. Hij stond op, ging voor het raam staan, keek naar een agave in de tuin en verklaarde dat deze zou bevriezen in de winter.

'Pap wordt het', zei hij, 'slijm en snot.' Volgens hem deugde trouwens ook het zwembad niet. 'De wanden zullen breken door de druk van het ijs!' Hij dronk zijn glas leeg en vertrok. De liefde voor de Nederlandse buren was voorbij.

15

Het mirakel van Bességes

'De natuur is tot merkwaardige dingen in staat', verzucht Francis Bonnefoi. 'Heel eigenaardig: zon, wind en regen bewerken het steen en brengen er een gezicht op aan. Een portret. Het portret van Père Kolbe. Niet van Charles de Gaulle of Brigitte Bardot, maar van Père Kolbe. Van hem en van niemand anders.'

Het verbreidt zich als een lopend vuurtje, het nieuws van het wonderbaarlijke en zo plotseling verschenen portret. Van alle kanten komen de mensen naar Bessèges. Er is vrijwel niemand meer die de kerk voorbijgaat zonder op te kijken naar de al snel beroemde pilaster aan de rechterkant van het gebouw. Er wordt gepraat, gewezen en gefotografeerd. Sommigen gaan in de kerk een kaars opsteken. '*C'est un défilé tous les jours*', verklaart Père Pitzalis, 'iedere dag optocht', wanneer hij praat met dezelfde journalist van de *Midi Libre* als met wie wethouder Bonnefoi gesproken heeft.

Père Pitzalis is de pastoor van Bessèges, een bedaarde man die onlangs de eenendertigste verjaardag van zijn priesterwijding vierde. Het bescheiden feestje vond op dezelfde dag plaats als waarop de kerk een nieuw Mariabeeld kreeg. Bij de werkzaamheden die voorafgingen aan het op de sokkel zetten van de Heilige Maagd, was het de Poolse beeldhouwer die een vaag vlekkenpatroon op de pilaster herkende als dat van Père Maximilien Kolbe. Er werden foto's bijgehaald van de ernstig kijkende franciscaan, waaronder een reproductie van het beeld dat men recentelijk in Polen van hem had laten maken. We zien Père Kolbe uitgebeeld als een verslagen, gebroken man. Lang en uitgemergeld. De verticale strepen op het kampuniform dat alle gedetineerden in Auschwitz moesten dragen, lijken hem nog langer en dunner te maken. Zelfs de kledij van de gevangenen werd klaarblijkelijk nog van tralies voorzien! Père Kolbe heeft de pet in de hand. Zijn grote, blote hoofd balanceert op de breekbare hals. Zijn blik is dof en nietszeggend. Door de ronde brillenglazen kijkt niemand je aan.

'Het is best mogelijk dat het Père Kolbe is, die we daar op de pilaster zien', verklaart pastoor Pitzalis in de krant. 'Maar ik zet er wel een vraagteken bij. Frappant is het zeker, dat kan niemand ontkennen. Twee druppels water, die gelijkenis. Bovendien zie je onder het gezicht ook nog zijn gestrekte linkerarm en zijn lichaam dat een skelet is geworden na twee weken zonder eten en drinken. Maar ik ben niet in staat het te verifiëren. Daar zijn experts voor. Als die een onderzoek willen doen, prima. Nogmaals: ik durf niet met zekerheid te beweren dat het Père Kolbe is. Maar het is ontegenzeggelijk een gezicht: het gelaat van een priester, van een mysticus, van iemand die de blik naar binnen heeft gericht en die zich verre houdt van aardse zaken.' Pastoor Pitzalis verliest zich vervolgens in een beschouwing over natuurlijke gebeurtenissen zoals die in bijvoorbeeld het Oude Testament worden beschreven, maar die als wonderen worden opgevat. Volgens hem kunnen natuurverschijnselen zich soms precies op het juiste ogenblik en op de juiste plaats manifesteren. De mens beschouwt dan zo'n al dan niet welkom evenement als een wonder. Het is een nogal moderne opvatting, zeker in zo'n stil Frans dorpje als Bessèges.

De dorpelingen hebben er allemaal zo hun eigen gedachten over. Er zijn er – vooral de in het zwart gestoken oude vrouwtjes, van wie het wemelt in de straatjes – die heilig geloven in een wonder. Er zijn er ook die met grote en nuchtere realiteitszin de mening van Francis Bonnefoi delen als zou het gezicht slechts een vlek zijn: onder invloed van weer en wind ontstaan door een samenspel van verweerde steen en korstmos. Anderen zijn er echter van overtuigd dat het mensenwerk is. Wethouder Bonnefoi kaartte ook die mogelijkheid aan ten overstaan van de *Midi Libre*-journalist. 'De mensen komen bij me', zei hij, 'en vragen nieuwsgierig: Francis, dat gezicht, weet u wie dat heeft laten maken? Of bent u het misschien zelf geweest? Ze verdenken mij er natuurlijk van dat ik Bessèges in de publiciteit wil brengen. Een beetje op de trommel slaan, weet u wel? Maar u ziet toch zelf ook wel dat het onmogelijk is om op een hoogte van meer dan tien meter een portret te gaan staan krassen of schilderen. En stel dat er iemand gekomen was met een lange ladder, naar het pleintje van Bessèges nota bene… dat had toch iedereen gezien? Nee, dat gezicht, dat heeft zichzelf gemaakt in samenspel met zon en regen.'

Ja, wie weet door welke krachten en aanwezigheid wij worden omringd? Hoe sterk is iemands ziel als hij bij leven al onverzettelijk was? Het lichaam van de Poolse priester Maximilien Kolbe werd op 15 augustus 1941 in een verbrandingsoven van het concentratiekamp Auschwitz gecremeerd. Twee weken tevoren werden twaalf gevangenen ter dood veroordeeld als represaille voor een geslaagde ontsnapping. Met z'n twaalven werden ze opgesloten in de ondergrondse bunker van blok 14. Op de veertiende augustus is Maximilien Kolbe van hen de laatste overlevende. Hij wordt ter dood gebracht door een injectie met zuur. Het was in feite een onnodig einde omdat Père Kolbe in eerste instantie niet tot de ter dood veroordeelden behoorde, maar de plaats had ingenomen van François Gajowniczèk, die een gezin had en wiens leven daarom door Père Kolbe belangrijker gevonden werd dan dat van hemzelf. Een grootse daad, die hem na de oorlog een heiligverklaring opleverde.

In het dorp Bessèges was de geschiedenis van Père Kolbe tot voor kort volslagen onbekend. Hoe kon het ook anders? De priester heeft immers nooit een voet gezet in de Gard, laat staan in Bessèges! Men breekt er zich dan ook het hoofd over waarom zijn beeltenis juist daar is opgedoken. De enige relatie die men kan vinden is dat er vroeger in Bessèges veel goeds is gedaan door de zusters franciscanessen, een kloosterorde waartoe ook Kolbe behoorde. Ook wordt geopperd dat het gezicht van de vurige Mariavereerder Kolbe uit het steen opdook juist op het moment dat er een Mariabeeld geplaatst ging worden.

Hoe dan ook, er is één dorpeling die zich vergenoegd in de handen wrijft: *monsieur Patrick,* de eigenaar van restaurant 'Don Camillo' dat recht tegenover de kerk is gelegen. Elke dag straalt zijn gezicht meer dan de vorige. De klandizie neemt immers dagelijks toe. 'Ja', zegt hij, wijzend naar het gezicht op de kerkmuur, 'je zou zeggen dat het een portret is, het portret van de Poolse priester Maximilien Kolbe.' Zijn grote tevredenheid wordt alom gewantrouwd. 'Als er al iemand achter het portret zit', zo gaat in het dorp de roddel, 'dan moet het wel Monsieur Patrick zijn! Die heeft immers de meeste baat bij de drommen nieuwsgierigen, dagjesmensen en toeristen op het kerkplein. Kijk eens hoe goed gevuld zijn terrasje is. Let eens op die ronde buik, die met de dag boller wordt. Maar hoe is hij in hemelsnaam op het idee gekomen? Heeft hij in het geniep het portret laten maken naar een plaatje van het beeld van Kolbe, dat hij ergens toevallig tegenkwam? Of ontdekte hij, terwijl hij over zijn toen nog lege terras naar de kerk zat te staren, een gezicht in de vlekken op de pilaster en heeft hij daar een plaatje en een verhaaltje bij gezocht, misschien wel in overleg met die Poolse beeldhouwer?'

In ieder geval heeft in Bessèges de ellendige geschiedenis van Père Kolbe leven in de brouwerij gebracht. De een zijn dood is de ander zijn brood.

16

De eetborrel

Over fout gesproken. Een vriendin van ons nodigde de hele straat uit nadat ze zich in het dorp had gevestigd. Ze wist echter niet dat verschillende families al jarenlang met elkaar op voet van oorlog verkeerden. Ze kwam dat ook pas naderhand te weten, omdat door alle partijen stilzwijgend besloten was de vetes niet in het territorium van de nieuwe buurvrouw te beslechten. Eind goed, al goed, maar het blijft in Frankrijk een foute zaak om zomaar een groep mensen uit te nodigen.

Nog fouter is om Fransen op de koffie te vragen. Ik ken een Nederlands echtpaar dat de Franse buurtjes om acht uur 's avonds uitnodigde voor koffie met gebak, waarna een wijntje of een biertje zou volgen, vanzelfsprekend met zoutjes en in plakjes ham gerolde augurkjes. Dat is waarschijnlijk de raarste avond geworden die die Fransen ooit hebben meegemaakt. Hoewel, zo beweerde het echtpaar achteraf, de buren geen krimp hadden gegeven. Ze hadden alles netjes opgegeten en opgedronken en waren tegen elven weer naar huis vertrokken. Maar beslist met een onplezierig gevoel in de maagstreek. Rond de tijd immers dat de koffie achter de kiezen was en de glazen op tafel kwamen, genoten de buurtjes normaliter van de avondmaaltijd, die ze nu moesten ontberen en slechts gecompenseerd zagen door hamrolletjes en pinda's.

Omgekeerd is het voor Nederlanders in Frankrijk dikwijls een heel zware opgave om tegen negen uur, half tien, nog aan tafel te moeten gaan. 'Wat dan op het bord komt heeft nog slechts een symbolische lading', hoorde ik iemand eens zeggen. 'Zo laat eten en zo zwaar, dat betekent tot drie uur 's nachts fonteinen van maagzuur die het op slokdarm en neus hebben voorzien. Da's geen pretje'. Fransen vinden het wel degelijk een pretje. Eten is voor hen het allerbelangrijkste op aarde. Je doet het gezamenlijk aan een grote tafel en zo'n gezelligheidsmaaltijd heeft al vlug een doorlooptijd van een uur of twee, drie.

Het liefst wordt ook het befaamde Franse *apéritif* aan een grote tafel genoten. Deze *apéro* heeft helemaal niets te maken met het genoeglijke, kleine borreluurtje dat Nederlanders graag rond vijf uur 's middags houden. Het heeft geen eetlustopwekkende functie, ofschoon het woord 'apéritif' dat suggereert. Het woord 'borrel' dekt in feite de lading beter dan 'apéritif', omdat het 'borrelen' geen belofte van eetlustopwekking inhoudt. Nog beter zou trouwens het woord 'eetborrel' zijn, een zogenaamde aangeklede borrel, of, zoals de Fransen wel zeggen, een 'apéritif dînatoir'. Meestal is er namelijk een boel te happen, zoals nootjes, olijven, zoutjes en allerlei ander hartig en krakend spul. Wat betreft de dranken kan er in het algemeen gekozen worden uit pastis, whisky, port, gin en kir royal – witte wijn met crème de cassis – maar dikwijl zijn er ook allerlei sapjes en lokale drankjes voorhanden.

Voor een kopje koffie zul je in Frankrijk niet worden uitgenodigd. Voor een gezellig avondje na de maaltijd al helemaal niet. Voor een genoeglijk samenzijn dient dus dikwijls het *apéritif*. Het is een prima manier om elkaar te ontmoeten en te leren kennen. Hetgeen op een veel vrijblijvender manier gebeurt dan tijdens een souper. Je hoeft je dus ook niet op je allerbest te kleden. Wel zal een klein presentje zeer op prijs worden gesteld. Dat mag – in tegenstelling tot wat dikwijls wordt beweerd – best een fles wijn of een bosje bloemen zijn, maar vaak nemen Nederlanders iets mee wat in Frankrijk beslist niet te krijgen is, zoals stroopwafels, speculaas, Haagsche hopjes, Delfts Blauw, Bols, Beerenburger of een fotokalender met molens en bollenvelden.

Zo vervangt de echt Franse *apéro* het echt Nederlandse gezellige avondje met koffie en gebak. Nederlanders zien elkaar het liefst na het eten en Fransen ervoor. In sociaal, cultureel en psychologisch opzicht is dat een wereld van verschil. Voor Nederlanders vormt het souper het begin van de avond, terwijl het voor Fransen het slotakkoord van de dag is.

17

De Franse slag

Voormalig loodgieter M., thans paardenfokker, woont in het dorp, maar bezit een heel stuk buiten de bebouwde kom een flinke lap grond die gedeeltelijk aan de onze grenst. Ooit is hij begonnen daarop een huis te bouwen. 'Dan ga ik mijn huis in Bourdic verkopen', vertrouwde hij me eens toe, 'dan ben ik dus rijk en dan ga ik daar bij jou lekker op de heuvel wonen.' Mooie dromen, die echter wreed werden verstoord doordat hem uiteindelijk de bouwvergunning werd geweigerd. Wat er nu staat, tegen de helling van de heuvel, zijn slechts de uit grijze betonblokken opgetrokken muren. Daaromheen strekt zich een chaos uit van oude auto's, tractoren, caravans, schuurtjes, opslagplaatsen, stapels hout en ijzer en allerhande rommel. Maar het uitzicht over de vallei is prachtig.

Vanuit mijn huis zie je die ellende gelukkig niet, omdat ze door een boomwal aan het oog wordt onttrokken, maar ter compensatie van dat gemis heeft M. een krakkemikkige caravan in ons gezichtsveld gezet. 'Voor de toeristen', deelde hij ons mee. 'Een recreatiecaravan. Dat belooft een boel geld.' Tot onze grote schrik waren het geen bleke buitenlanders in veel te korte broekjes die er hun intrek namen, maar vestigde M.'s dochter er zich, een dik meisje met een uitgesproken verveelde uitdrukking op haar gezicht. Ze hield er een rommelig huishoudentje op na samen met haar vriend, die dun en lang was en steevast een omgekeerd rood petje droeg. Bij gebrek aan sanitair deden ze hun behoefte in de *garrigue*, net als hun drie honden, waarvan er één bijzonder humeurig en kwaadaardig was.

Rond de caravan verzamelde zich al vlug een groep *jeunes* uit de omringende dorpen. Ze gedroegen zich en zagen er net zo uit als alle andere jongeren op aarde. Ze slenterden wat rond, ze hiphopten aan één stuk door en waren steeds vaker op de oprit naar ons huis te vinden. Om erachter te komen wat er aan de hand was en hoe de toekomst eruit zou gaan zien, nodigden we het meisje en de rode pet uit voor een *apéritif*, waarop ze 'oké' zeiden. Maar naar Franse gewoonte kwamen ze op het afgesproken tijdstip niet opdagen.

We hebben hen ook daarna niet kunnen ontvangen, want ineens was de caravan leeg en het terrein verlaten. Sindsdien heeft er niemand meer in het foeilelijke ding gewoond. Het misbaksel staat er nog steeds, zinloos want zonder functie. Eenzaam, maar volstrekt niet alleen, aangezien zich vlakbij nóg een onderkomen bevindt dat niet bewoond wordt. Net als dat van M. is het een half afgebouwd huis, ditmaal van natuursteen. Alleen de muren staan overeind. 'Françoise is de enige Française die een boom in de huiskamer heeft', wordt hier gezegd, wat door iedereen een goede mop wordt gevonden. Françoise is de eigenares en doet er niets aan, aan de situatie. Ze kapt zelfs de eik niet die midden in haar illusie groeit.

'Wanneer iemand zonder vergunning een huis bouwt en het dak zit erop, dan moet hem de vergunning alsnog worden verleend. Er zijn er nogal wat die het proberen, maar meestal kunnen we er op tijd een stokje voor steken. Daarom zijn er zoveel half afgebouwde huizen in de streek.' Dat zegt de gemeentesecretaris en hij voegt eraan toe dat er op onze heuvel geen huis meer zal bijkomen. Wanneer er immers meer dan drie huizen staan, is de gemeente verplicht om waterleiding aan te leggen. De gemeentesecretaris maakt ter ondersteuning van zijn betoog het gebaar van geld tellen en schudt meewarig het hoofd.

Françoise heeft als bijnaam 'l'Americaine' omdat ze vloeiend Engels spreekt en een dochter heeft die in Memphis Tennessee woont. Françoise houdt van onvoltooide dingen. Omdat ze haar dakloze huis niet kan bewonen, heeft ze een oude partytent opgezet waaronder een half vergane zitbank, een paar kreupele stoelen en een zelfgemaakte barbecue zijn neergezet. Naast de tent bevinden zich een plankier en een grote berg metselzand. Waarom, dat mag Joost weten. Rondom dit merkwaardige stilleven is het veld gedeeltelijk gemaaid. Halverwege de klus werd de maaimachine afgevoerd. In dat stadium zijn ook een boomhut, een aanplant van vijgen en een buitenplee blijven steken.

Dit alles heeft de aanvang van een nieuw project echter niet in de weg gestaan. Op een dag verscheen er een ernstige man met een landmeetinstrument op drie poten, die het land mat en vervolgens twee paaltjes plaatste. Onlangs, maanden na de gewichtige gebeurtenis, heeft de mistral de onnutte dingen omvergeblazen. Of de paaltjes te maken hadden met wat er vervolgens werd ondernomen, weet ik niet. Dat het om een poort ging was me wel duidelijk. Waar zouden de twee zuiltjes die aan weerskanten van het zandpad opgemetseld werden anders voor kunnen dienen? Temeer omdat ze precies op de grens van het grondgebied van '*l'Américaine*' verrezen waren! Een poort kwam er echter niet. Wel werd op zekere dag een begin gemaakt met het optrekken van een muur om het terrein. Een bulderende machine graaide honderden keien uit de *garrigue* en stortte ze boven Françoises gras en struikgewas weer uit. Van een aantal ervan werd een stukje muur gestapeld. En daar bleef het bij. En daar zal het altijd wel bij blijven. Weinig zal hier worden afgemaakt en al dat onaffe is ook nog eens met de Franse slag gedaan!

18

Vies maar lekker

Etymologie maakt deel uit van de taalwetenschap en onderzoekt de oorsprong en de geschiedenis van woorden. Het lijkt me een nogal stoffig vakgebied, maar na even flink blazen komen er soms nog best aardige en interessante dingen aan het licht. Woorden zijn namelijk niet zo maar klanken of klankgroepen, maar zeggen wel degelijk iets van datgene waarop ze betrekking hebben. Neem nu het woord 'slak'. De grondvorm ervan is 'slikko', wat het oude woord voor 'slijk' is. De slak kreeg die benaming toebedacht omdat hij nat en glibberig is en door de modder en over de grond kruipt. Maar 'slak' betekent ook 'slap' en 'los'. We komen die specifieke betekenis tegen in bijvoorbeeld 'een kreet slaken', dat in feite zoveel wil zeggen als een kreet 'loslaten'. Voor het weekdier slak is die woordbetekenis heel toepasselijk. Kortom: de slak heeft zijn naam te danken aan het feit dat hij een slap, glibberig, vies en nat onderkruipseltje is.

Ik vind het niet nodig om naar de oorsprong van het Franse woord voor slak op zoek te gaan. *Escargot* klinkt ons immers als muziek in de oren. Hoe zou daar nu een banale betekenis aan ten grondslag kunnen liggen? *Escargot* is een sierlijk en elegant woord, dat door zijn drie verschillende klinkers ritme en melodie heeft. Het klinkt smakelijk en staat daarmee lijnrecht tegenover het viezige woord 'slak'. Er valt respect en waardering in te beluisteren en zo wordt de slak dan ook behandeld, niet alleen in Frankrijk, maar in alle Latijnse culturen. We hebben het nu natuurlijk niet over levende slakken, aangezien de Fransen gewoonlijk pas belangstelling voor dieren hebben wanneer die dood zijn. Nee, *escargots* worden pas gewaardeerd als ze dampend op tafel staan. Slakken zijn onlosmakelijk verbonden met de Franse eetcultuur.

De oude Romeinen waren er al net zo dol op als de Fransen vandaag de dag. Slakken werden door hen gekweekt in aardewerken potten die gevuld waren met bloem en ingekookte zoete wijn. Ze werden daarna gebakken in olijfolie of geroosterd boven gloeiend houtskool. Men at er brood bij dat gedoopt werd in een saus van olijfolie, wijn en visbouillon. In alle lagen van de bevolking werd ervan gesmuld, zoals dat later ook in Frankrijk het geval was, maar daar behoorden slakken oorspronkelijk slechts tot de dagelijkse kost van arme mensen. Je kon ze namelijk overal vinden en je had daarom in een oogwenk een gratis maaltje bijeen gescharreld. Na een flinke regenbui zie je in de Zuid-Franse bermen en velden nog altijd mensen hun plastic draagtasjes volproppen met wijngaardslakken.

Want daar hebben we het natuurlijk over: de wijngaardslak. Het is de grootste huisjesslak van Europa en direct te herkennen aan zijn dik, rond, roomwit tot geelbruin huisje. Een slak die kalkrijke grond nodig heeft, omdat hij zijn huisje moet vormen van de kalk die hij tot zich neemt. En aangezien de wijnstok ook gesteld is op kalk, ziet men de slakken vaak in de wijngaarden. Dat heeft hun de naam 'wijngaardslak' bezorgd.

Ze zijn gemakkelijk te verzamelen, maar moeilijk te behandelen, die slakken. Je kunt ze niet zomaar eten. Tot hun voedsel behoren namelijk giftige planten, zoals oleanders. Zelfs de 'beker des doods', de groene knolamaniet, wordt door hen verorberd zonder dat deze voor de mens dodelijk giftige paddestoel hen schade berokkent. Nadat ze zijn gevangen, moeten wijngaardslakken daarom minstens een week vasten om al dat plantengif kwijt te raken. Ze worden dan telkens gewassen en vervolgens in een mengsel van azijn, zout en bloem te weken gelegd. Tenslotte worden ze ontdaan van de ingewanden en gekookt in bouillon met groenten. De Fransen hebben met hun culinaire vindingrijkheid de heerlijkste recepten voor slakken bedacht, maar de klassieke manier is nog altijd de lekkerste: boter, knoflook en peterselie. Heel simpel: de voorgekookte slak in het huisje terugstoppen, de opening dichtstrijken met knoflookboter en hup, de oven in.

De opening van het huisje dichtmaken doet de slak bij leven zelf ook. Als hij in winterrust wil gaan, zoekt hij een beschutte holte op of graaft hij een kuiltje. Hij kruipt erin en sluit het huisje af met een dekseltje van kalk. Hij doet dus gewoon de voordeur dicht. Franse boeren menen uit de dikte van dat dekseltje de aard van de komende winter te kunnen voorspellen. Hoe dikker de deur, hoe kouder de winter. Daar is wat voor te zeggen.

19

Bonnes Fêtes

Het regent in Uzès. Onder de nachtzwarte hemel drommen de oude huizen kleumend bijeen rond het hertogelijk paleis en aan de voet van de Romaanse 'Tour Fenestrelle'. Het water klatert door de goten en glanst op de straten. De lampen van de auto's weerspiegelen erin en ook de slingers feestlampjes laten zich twee keer zien. Ze zijn opgehangen in de vorm van sterren, kerstbomen en vrolijk bedoelde maar mistroostig ogende *bonnes fêtes*-wensen. De lichtjes dansen en schommelen in de wind en ook de bosjes sparren op de verschillende straathoeken staan te wiebelen. Sommige mensen staan stil om de *sapins* te keuren en een enkeling koopt er zelfs een, maar de meesten lopen er snel langs, diep weggedoken in hun jassen. Ze doen nogal noordelijk-exotisch aan, die druipende sparren. Onze loodgieter noemt ze 'Duitse bomen'. Kerstmis past eigenlijk niet in deze gewoonlijk zonovergoten, zuidelijke wereld.

Toch wordt aan het kerstfeest grote aandacht besteed. De winkels zijn feestelijk ingericht en prijzen alle mogelijke artikelen aan als kerstcadeautjes bij uitstek. Speelgoed, kleding, boeken, computerspellen, portables, parfum: het wordt allemaal gretig aangeschaft. Maar waar de meeste aandacht naar uitgaat is het eten. Behalve de traditionele *bûche de Noël* – het kerstgebak in de vorm van een miniatuurboomstam – worden vooral oesters, kreeften, taart en champagne ingeslagen, alsmede hazen, fazanten, haantjes, hammen en uiteraard kalkoenen. Er zijn slagerijen waarin al dan niet opengewerkte *sangliers* hangen. Van sommige van deze everzwijnen bungelen de laatste resten naast hele rijen dode, blote vogels; niet alleen kippen en eenden, maar ook patrijzen, fazanten, kwartels, merels, lijsters, leeuweriken en vinken. Sint Hubertus, de beschermheilige van de jacht, is zijn legioenen jagers duidelijk zeer welgevallig geweest.

In het jachtseizoen neemt deze Sint Hubertus het op tegen een tegenstander die echter tevens zijn collega is: de heilige Franciscus. De lijnrechte tegenstelling tussen de jachtpatroon en de legendarische dierenvriend uit Assisi doet de Fransen niets. In de slagerswinkel hangt de jachtbuit namelijk pal naast de kerststal, waarvan Sint Franciscus de beschermheilige is. Volgens een eeuwenoud en alom bekend verhaal is de kerststaltraditie geheel en al aan hem te danken.

Het wemelde vroeger van de heiligen en één van hen, Sint Bonaventura, heeft beschreven hoe de 'gelukzalige' Franciscus in het jaar 1233 het idee kreeg de geboorte van Christus in een kerstspel te herdenken. De paus gaf er ogenblikkelijk toestemming voor. Het werd een soort levende kerststal, die ook buiten Assisi en vooral in Duitsland navolging kreeg, maar nergens gebeurde dat zo enthousiast als in het zuiden van Frankrijk.

Dat de echte mensen vervangen werden door beeldjes, heeft naar men zegt alles met de Franse Revolutie te maken. In die tijd werd het de kerken verboden met Kerstmis hun deuren te openen. De traditie van de uitbeelding van het kerstverhaal was toen echter al zo gevestigd, dat met name de Provençalen overgingen tot het zelf vervaardigen van kerststallen. Ze begonnen eigenhandig de beeldjes en de entourage te maken. Het Kindje Jezus natuurlijk, maar ook Maria, Jozef, de Drie Koningen, engelen en herders. Daar kwamen de dieren bij, zoals de os en de ezel, schapen, honden en dromedarissen. Maar het plezier in het vervaardigen van de figuurtjes was zo groot, dat het assortiment allengs werd uitgebreid met allerlei karakteristieke personen uit de streek en natuurlijk ook met de maker en de opdrachtgever zelf die de nieuwgeborene aanbaden. Verder kwamen er houthakkers bij en marktkooplui, molenaars, zwervers, zigeuners en ga zo maar door. Uiteindelijk werd iedere echt Provençaalse kerststal niet alleen door de traditionele heiligen omringd, maar ook door een doorsnee van de plaatselijke bevolking. Het kersttafereel was zodoende uiteindelijk meer een afspiegeling van de regionale bevolkings- en beroepsgroepen dan een bijbelse voorstelling.

Franciscus van Assisi was en bleef de schutspatroon van deze inmiddels wereldberoemd geworden typisch Provençaalse huisvlijt. Wellicht niet in de laatste plaats vanuit de algemene overtuiging dat zijn moeder uit de Provence kwam. Naar hem, maar uiteraard ook vanwege hun religieuze aard, werden de beeldjes op z'n Provençaals *Santouns* genoemd, dat 'kleine heiligen' betekent. Over de hele wereld zijn ze nu bekend als *santons*. '*Santons* zijn de bloemen die je in de winter plukt', zei Elégard Rougier op zijn eigen romantische, negentiende-eeuwse wijze.

20

Le Club des Grands Estomacs

Nieuwsgierig waren ze vroeger wel. Lodewijk de Veertiende had nog maar net de laatste adem uitgeblazen of hij werd al aan stukken gesneden door zijn lijfartsen. Ze wilden weten hoe de Zonnekoning aan zijn einde was gekomen en tijdens die speurtocht stuitten ze op een opmerkelijk en merkwaardig fenomeen: de maag van de vorst was driemaal zo groot als die van gewone mensen. Het was iets dat hen verbaasde, maar mij verwondert het helemaal niet. Geen grotere smulpaap immers dan deze legendarische Franse koning! Wanneer hij zich aan tafel zette, kreeg hij in zijn eentje maaltijden opgediend waaraan de hele familie van Dik Trom nog te veel zou hebben. Eén menu is ons bekend: vier verschillende soorten soepen, een hele fazant, een patrijs, verschillende groenten, sla, ham, schapenvlees met knoflook, taart, en als afwisseling enkele op verschillende manieren bereide eieren. Uiteraard werden er brood en liters wijn bij geserveerd.

Men kon er wat van. Catharina de Médici werd ter gelegenheid van haar huwelijk met Henri de Tweede door de stad Parijs onthaald op een feestmaal waaraan nog vijftig genodigden aanzaten. Volgens de overlevering kwamen ter tafel: 30 pauwen, 33 fazanten, 25 zwanen, 99 kraanvogels, 33 duiven, 33 reigers, 30 geiten, 66 parelhoenders, 30 haantjes, 99 kuikens, 66 kippen, 6 varkens, 99 tortelduiven, 33 hazen, 66 konijnen, 13 patrijzen, 99 kwartels, 500 asperges en dan nog bergen groenten, bonen en brood en een ongelofelijke hoeveelheid wijn. Frappant in deze opsomming is trouwens het telkens terugkerende veelvoud van drie.

Eten en drinken betekenen in Frankrijk veel meer dan het noodzakelijk voeden van het lichaam. Ze vormen een ritueel en daarmee zijn ze cultuur. Eten op zich is primitief, het is wat gieren doen bij het karkas van een buffel, maar van de maaltijd een feest maken, dat is cultuur. Cultuur is namelijk alles wat de mens onderscheidt van de aap. Iedereen moet eten, maar van het eten iets bijzonders maken is niet voor iedereen weggelegd. Cultuur stoelt op natuur: er is geen bloem zonder wortels. Fransen houden van eten en weten er iets speciaals van te maken. Dat is de grondslag van de befaamde Franse gastronomische cultuur.

Genieten van een lekkere maaltijd zit de Fransen in het bloed. Ik herinner me in dit verband een novemberdag die in het teken stond van een van de beruchte *épisodes Cévenols*. Dat zijn perioden van hevige regen, die teweeg wordt gebracht door het boven de Cévennen op elkaar botsen van warme, vochtige lucht van de Middellandse Zee en koude lucht boven de bergen. Zo'n zondvloeddag deed zich ook voor toen de aannemer met zijn manschappen nog druk bezig was met het verbouwen van ons huis. Gelukkig waren ze al zover dat ze binnen genoeg te doen hadden, maar niettemin kozen ze de buitenlucht om aan tafel te gaan. Dat gebeurt in Frankrijk klokslag twaalf uur. Ikzelf was nog aan het werk in mijn atelier en besloot daar voorlopig te blijven, gescheiden als ik was van het huis door een bijna massieve muur van regen. In dat dreunend neerplenzende donkergrijze water verscheen echter ineens een flakkerend licht, dat bij nader inzien een vuurtje bleek. Het brandde lustig op de nog niet betegelde vloer van het in aanbouw zijnde overdekte terras. De complete ploeg bouwvakkers zat er omheen. Iedereen had etenswaren meegebracht. Er werden blikken opengemaakt en sausjes bereid, er werd vlees geroosterd en brood gesneden, er kwam groente en fruit op tafel en een van de metselaars begon pasta te koken in een pannetje boven een gasbrandertje. Intussen warmde men zich aan het vuur en werd er wijn gedronken die door de elektricien geschonken werd uit het altijd in zijn busje aanwezige, goed gevulde tankje. Zo gaat dat in Frankrijk.

Het was diezelfde elektricien die me vertelde over *Le Club des Grands Estomacs*. Dat was een club van hollebolle Gijzen die wekelijks bijeenkwam in het Parijse restaurant *Philippe*. '*Il-y-a longtemps*', zei hij erbij. Lang geleden dus. Hoe dan ook, de twaalf leden van de club brachten ieder weekend door met gezamenlijk eten. Ze gebruikten dan gedurende achttien uur drie aaneengesloten maaltijden. Men begon met tarbot, rundvlees, schapenbout, kalfstong, gebraden kip, marasquinsorbets, vla, taart en gebakjes. Dit alles werd overgoten met uitgelezen Bourgognewijnen. Rond middernacht kwam er thee op tafel, gevolgd door schildpadsoep, kip, zalm, reebout, tong, artisjokken, rumsorbets en pudding, vergezeld van talloze flessen Bourgogne en Bordeaux. Gedurende de zondagochtend werden uiensoep, taartjes en champagnes genuttigd. Het geheel werd afgerond met en bekroond door koffie en likeuren.

Onze elektricien vertelde dit met een brede lach op z'n gezicht. Van oor tot oor, alsof hij zojuist een uitnodiging had ontvangen voor de volgende schranspartij van de *Club des Grands Estomacs*. Het deed hem duidelijk veel plezier te vertellen over deze 'grotemagenclub'. Ik had hem tijdens het praten al een paar keer zien slikken: het water was hem in de mond gelopen. 'Moet je je toch eens voorstellen', riep hij uit, 'reebout, marasquinsorbet, schildpadsoep. Allemachtig wat lekker!' Zoals bij iedere rechtgeaarde Fransman het geval behoort te zijn, bracht het praten over eten ook hem tot een filosofische uitspraak: 'Weet je wat het is? Ze hadden geld, die leden. En wie geld heeft, heeft geen zorgen. Wie onbezorgd leeft, heeft de toekomst. Die heeft zin in de toekomst. In het leven. Die laat zich de maaltijden goed smaken. Wie ploetert heeft, voordat hij het weet, alleen nog maar een verleden.'

We hadden het over cultuur, weet u nog wel?

21

Net als overal

Wie Zuid-Frankrijk alleen van de zomervakanties kent, kan zich niet voorstellen dat de winter er soms flink kan uitpakken. Ook ik geloofde maar al te graag de zonder blikken of blozen gedane beloftes van reisgidsen en streekboeken als zou de winter er altijd zacht en zonnig zijn. Ik hechtte dan ook niet veel waarde aan het oordeel van de *technicien* die een kleine reparatie aan het buizensysteem van mijn zwembad verrichtte. 'Slecht geïsoleerd', zei hij, terwijl hij met zijn tang op een buis tikte. 'Die gaat knappen als het vriest.'

Vriest? Het vriest hier toch niet? Hoe kunnen hier palmen, olijfbomen, oleanders en agaven groeien en bloeien als het zou vriezen? Het ging er bij mij net zo langzaam en moeilijk in als toen ik heel lang geleden de waarheid te horen kreeg over het bestaan van sinterklaas. En ik leek nog gelijk te krijgen ook. Op Eerste Kerstdag lagen we met z'n allen heerlijk in het zonnetje bruin te bakken. En het oude jaar werd niet alleen weggespoeld met twinkelende en bruisende champagne, maar ook met een milde meiregen.

En toen kwam de mistral en vroor het van de ene dag op de andere dat het kraakte. De temperatuur duikelde zo snel de diepte in dat ik het nauwelijks kon bijhouden. Eerst moesten de tientallen meters lange, polsdikke slangen van het bevloeiingssysteem leeggemaakt en opgeruimd worden. Ik had ze gewoon bij de amandel- en abrikozenboompjes willen laten liggen totdat het voorjaar bijna naadloos op de herfst zou aansluiten. Dat ging dus mooi niet door. Vervolgens moesten de kwetsbaarste potplanten binnen worden gezet of warm ingepakt. En dan was er het zwembad. Wat moest je daar in hemelsnaam bij vorst mee doen?

De buurman wilde ik er niet naar vragen. Die had me al vele keren gewezen op de 'barre mediterrane winters'. Hij attendeerde me bij die gelegenheden steevast op een hoek in mijn tuin om me met waarschuwend opgestoken vinger ervan te verzekeren dat ook daar een palm had gestaan. 'Helemaal bevroren', riep hij dan uit, 'net als het zwembad. Ik zie de vorige eigenaar nog zó staan hakken in het ijs. Met een bijl! De splinters en scherven vlogen hem om de oren!' Je kon er donder op zeggen dat hij vervolgens met het verhaal op de proppen kwam dat mijn huis en de omringende grond precies op een tochtstrook lagen. 'Daar komt de wind vandaan', en hij stak zijn arm dan uit naar het noorden, 'en die gaat zo, via jouw tuin, naar het zuiden. Dat is de weg die de kou volgt. Er is geen luwte, zoals bij mij.'

Het is een onheilsprofeet, die buurman van mij. Zo wees hij me ook al talloze malen op het opzienbarende feit dat mijn huis geen fundament zou hebben, maar pardoes op de rotsen is gebouwd. 'En die bewegen', zo luidde zijn dreigende waarschuwing. 'Krak, zegt dan het huis en dus ook je portemonnee.' Hij heeft iets met fundamenten, die man, want volgens hem zijn de muren rond de tuin eveneens fundamentloos. 'En dan plenst de regen met bakken tegelijk uit de hemel en al dat water komt de helling afzetten, dwars door je tuin en tegen de muur aan en "krak" zegt dan de muur!'

Zijn verhaal over de winterkou bleek echter heel wat beter gefundeerd dan het huis en de muren. Het is een opmerkelijke eigenschap van Zuid-Frankrijk dat het uit honderden kleine klimaatzones bestaat. De heuvels, de dalen, de bergen, de zee en de ligging ten opzichte van zon en wind zijn daaraan debet. Dergelijke terreinfactoren scheppen allemaal hun eigen klimatologische nissen. Plant je twee dadelpalmen op nog geen vijfhonderd meter van elkaar, dan kan de één het prima doen terwijl de ander de eerste winter nog niet eens overleeft. In de buurt van Nîmes is de temperatuur altijd een graad of drie hoger dan bij mij op het platteland, hoewel de afstand nog geen twintig kilometer is. Nîmes ligt in een beschermde, luwe kom en wij wonen in het heuvelland waar de wind vrij spel heeft. 'Het is hier de Côte d'Azur niet', bromt de buurman chagrijnig.

Ik heb dus alle buizen van het zwembad netjes ingepakt met glaswol en met van dat luchtbubbeltjesplastic dat je zo leuk met kleine knalletjes kunt stukknijpen. Ik heb dus een tiental plastic wijncontainers in het water gegooid om de kracht van het uitzettende ijs op te vangen, ik heb dus het waterpeil laten zakken om er verzekerd van te zijn dat de filter leeg is en ik heb dat allemaal gedaan in het pijnlijke besef dat het zuiden van Frankrijk eigenlijk nog best heel noordelijk ligt. Het is in ieder geval niet Jamaica of Bali, zo weet de buurman opgewekt mee te delen.

'Alles is zo extreem', verzuchten ook de mensen hier in het zuiden, 'we hebben achtereenvolgens de strengste winter sinds mensenheugenis gehad, de grootste regenval met de meest catastrofale overstromingen, het koudste en droogste voorjaar van de laatste honderd jaar en de heetste zomer van de geschiedenis. Alle records worden aan één stuk door gebroken! Wat is er toch aan de hand met de wereld?'

Misschien gaat het inderdaad wel helemaal mis met de wereld. Misschien verandert het klimaat dramatisch. Misschien ook is het allemaal maar toeval. Alles kan gebeuren, nietwaar. Ook hier. De winter kan best heel koud zijn. Net als overal.

22

Het zwarte goud

'Je moet eens naar de *marché aux truffes* gaan', wordt mij telkens aangeraden wanneer die befaamde januarimarkt in Uzès wordt gehouden. Eigenlijk zou ik dat ook eens een keertje moeten doen, maar eerlijk gezegd heb ik niet zoveel op met truffels. Afhankelijk van het gerecht en de kok vind ik ze soms lekker en soms ook helemaal niet. Culinair zeer onderlegde vrienden verwerkten ze op heel simpele wijze in een pasta en daar at ik niet alleen m'n vingers, maar ook m'n bord, het bestek, het tafelkleed en een stuk van de tafel bij op, maar bij een heel chic etentje korte tijd later smaakten ze nergens naar. Bij wie zich laat voorstaan op goede smaak gaat dit er echter niet in. 'De truffel is overal en te allen tijde een delicatesse', beweert men dan. Een uitspraak die vervolgens opgedirkt wordt met een boel gedoe en geklets over 'zwart goud' en 'zwarte diamant' en ten slotte nog een extra opwaardering krijgt door de vermelding van de prijzen die ervoor worden betaald. Ik ben hier nogal allergisch voor.

Als het om wijn gaat zijn er minstens zoveel snobs. Ik ga steigeren van het gesnuif, gespoel, gegorgel, geklots en gespuug met wijn. Er zijn natuurlijk echte kenners en ware liefhebbers, maar ik wantrouw in hoge mate de smaak en de praatjes van de meeste andere klotsers en gorgelaars. Ik verdenk ze van opschepperij en loze pretenties. Bij proeverijen zie ik ze tot mijn grote plezier nogal eens door de mand vallen. Ik herinner me hoe een beroemde vinoloog, die op dat terrein al heel wat boeken op zijn naam had staan, parmantig en zeer zelfverzekerd de uitdaging aanging om geblinddoekt wijnen te proeven en te beoordelen, waarna hij de slechtste als de beste aanprees. Tijdens een *dégustation* in een Côte-du-Rhône-*cave* was het onlangs een andere kenner die de plank missloeg. Na een bijzonder interessante rondleiding mocht het kleine, selecte gezelschap waartoe wij behoorden kennismaken met de wijnen die er geproduceerd werden en ik moet zeggen dat ze opperbest smaakten, ook al moesten we de in het glas gedraaide, besnuffelde, met veel lucht opgeslurpte en in de mond rondgeklotste heerlijkheid telkens uitspuwen in zilveren bakjes. De gastheer, die zich een groot liefhebber betoonde en zich had voorgedaan als een autoriteit, prees daarbij een bepaalde rode wijn om haar heerlijke 'ronde' smaak. Dit verbaasde bijna alle aanwezigen. Ook ik ervoer de smaak beslist niet als 'rond' en ik was het met de overigen volstrekt eens dat ze daarentegen juist hard en stroef was. Tja, wat moet je ermee? Proeft de ene mens niet anders dan de andere en proeft men bovendien niet vaak wat men wil proeven of wat een ander zegt dat je moet proeven?

De rituelen rond truffels doen niet onder voor die van de wijnwereld. Men geniet de delicatesse met gesloten ogen, men bereidt de tientallen soorten op honderden manieren: je kunt ze schaven, in plakjes snijden of in reepjes, blokjes of snippers, je eet ze gaar of rauw en in talloze gerechten, maar altijd zijn ze 'verrukkelijk'. Ik ben ervan overtuigd dat een belangrijk gedeelte van het genieten regelrecht te maken heeft met de prijs. Truffels zijn kostbaar en dus lekker. Ze worden trouwens almaar duurder, omdat de oogsten steeds kleiner worden. Dat heeft alles te maken met ontbossing, gifstoffen in de natuur en klimaatveranderingen. Ik heb gelezen dat in het begin van de twintigste eeuw alleen al in de Périgord jaarlijks vele honderdduizenden tonnen geoogst werden. Nu, een flinke eeuw later, is die hoeveelheid geslonken tot slechts een gering aantal tonnen per jaar in heel Frankrijk. Maar nog altijd komen de beste en meest gewaardeerde truffels uit diezelfde Périgord. De Vaucluse, de Lot en de Gard komen op de tweede plaats.

Mijn huis en mijn grond liggen in de Gard en jawel... ook ik schijn truffels in de grond te hebben. Dat heeft de vorige eigenaar mij immers verzekerd. Ze zouden te vinden zijn in het meest zuidelijke veldje, dat altijd heel rustig ligt te groeien en te bloeien aan de voet van tientallen altijdgroene steeneiken en bladverliezende witte eiken. Daar leven ze, net als alle andere paddestoelen, als ondergrondse zwammen in de vorm van een dradenstelsel – de zwamvlok – dat op gezette tijden vruchtlichamen voortbrengt: de truffels. De zwam leeft in symbiose met de wortels van sommige boomsoorten, zoals steeneiken, en bereikt eigenlijk alleen in het wild zijn optimale vorm en smaak. Er worden wel truffels gekweekt en je kunt zelfs boompjes en wortelmateriaal kopen dat met truffelsporen is bestoven, maar de resultaten zijn gering of nihil en als het al wat oplevert is de kwaliteit laag.

Truffels zijn pas na kerstmis rijp en dan kost het nog heel wat moeite ze te vinden. Dit heeft, samen met mijn niet al te grote interesse voor truffels, ertoe geleid dat ik me nog altijd niet met de 'truffelwei' heb beziggehouden. Bovendien ben ik niet in het bezit van een varken. Zoals iedereen weet zijn het speciaal getrainde varkens die ingezet worden voor het opsporen van truffels. 'Da's verleden tijd', beweert André die elke zomer mijn velden maait. 'Zo'n varken, dat loopt moeilijk, dat schreeuwt en krijst en vreet de truffels zelf op als hij de kans krijgt. Een hond moet je hebben. Die kunnen het net zo goed en lusten geen truffels. Maar je kunt ze ook wel zelf vinden. Je moet dan een plek zoeken waar truffelvliegjes vliegen. Die leggen hun eitjes in truffels en weten ze feilloos te vinden. Let daar maar op, op die vliegjes.'

Ik ben toch maar eens gaan kijken in de 'truffelwei'. En jawel, na een poosje zag ik ineens een heleboel vliegjes. Ze dansten in het winterlicht. Met het meegenomen schepje begon ik ijverig te graven. Maar ik vond niet één truffel. Wel een kroondop van een bierflesje. Daaruit concludeerde ik dat het truffelfeestje al achter de rug was. Dat de truffels smakelijk verorberd waren en weggespoeld met een lekker biertje. Misschien wel door André. In ieder geval niet door een truffelsnob, want die had er stellig een opperbeste wijn bij gedronken.

23

De meesterwind

'Ik heb me laten vertellen dat het in Holland altijd waait', zei een Franse vriendin. Wij gaven toe dat er inderdaad meestal wel een zuidwester staat, die zwak, matig of krachtig kan zijn, al naar gelang de weerman of -vrouw dat goeddunkt, en zich op gezette tijden laat afwisselen door een koele bries uit het noorden of oosten. Ja, die goeie ouwe zuidwester: je denkt er met plezier aan terug. Aan die bolle, lauwe en vochtige wind die je de regen soms recht in het gezicht blaast, vooral wanneer je hem op je fiets tegemoet rijdt.

Wind, dat kennen we wel, wij Hollanders. Nederland, dat is toch het land van windmolens en zeilschepen? Daar wapperen toch de lakens aan de waslijnen en de vlaggen aan de masten? Als er dus één volk is dat zich van weer en wind niets aantrekt, dan is dat wel het Nederlandse. Wij lachen om cyclonen en tyfonen, en voor de mistral halen wij al helemaal de schouders op.

Totdat je in de heuvels van het zuiden woont, veertig kilometer van Avignon en Arles, vlak boven Nîmes. Totdat daar ineens de wind een paar zuchten slaakt en heel diep inademt om daarna zo'n stoot koude wind langs het huis te jagen dat alles de lucht ingaat wat niet stevig aan de muren of in de grond was verankerd. Om vervolgens dagenlang met grote gewelddadigheid tekeer te blijven gaan. Drie, zes of negen dagen, maar altijd een veelvoud van drie, zo wordt overal ten onrechte beweerd. Nee, de mistral spookt evenzogoed twee of elf dagen rond. Hij doet gewoon wat hij wil. Hij blaast in elk jaargetijde en meestal koud, maar 's zomers ook wel zo heet dat de gewassen erdoor verschroeien en verschrompelen. Hij laat de cipressen kraken en kronkelen, hij rukt takken, bladeren en vruchten van de bomen en plukt in een paar uur alle bloemen uit de oleanders. Hij drukt muren omver en ramen in, en heeft zelfs zo vaak de torens van de kerken gerukt dat die op den duur vervangen werden door opengewerkte smeedijzeren spitsen waar de meesterwind doorheen kon blazen zonder schade aan te richten.

Want dat is de betekenis van het woord mistral: meesterwind. Hij is alles en iedereen de baas. Hij steekt op in een hogedrukgebied in het noorden om zich door het Rhônedal een weg te banen naar een gebied van lage luchtdruk boven de Middellandse Zee. In de zomer blaast hij de grond zo droog dat hij barst en sticht hij brand in de bossen en in de *garrigue*. 's Winters is hij snijdend koud en scherp als de randen van ijsschotsen. Dan stuurt hij sneeuwjachten door de Provence en de Gard en doet hij de mensen in hun huizen verstijven. Dwars door jas en trui gaat hij, dwars door al je andere kleren, door het vlees en de kalk van je botten tot in de kern van het merg. Hij brengt je griep, migraine en kiespijn en vooral slapeloze nachten. Hij leidt tot ongelukken, werkverzuim, huiselijke twisten en ruzies. De geringste onenigheid slaat dan in als de bliksem en vlamt op als vuur in een pijnboom. Want de mistral geselt niet alleen de natuur, maar breekt ook de geest van de mensen.

Het was op een dag dat de meesterwind al bijna een week in de ondiepe vallei ten westen van ons huis tekeerging dat buurman R. zich ophing. Hij had er een stenen schuur voor uitgekozen, vlak bij het riviertje dat door de laagte kronkelt en nog veel dichterbij de grote *mas* die daar het groene gebiedje domineert. Groen was het er toen niet, want het was hartje winter en de wind sloeg genadeloos om zich heen, met harde, ijskoude vuisten. De storm had de eeuwenoude eik al weten te vloeren die bij het bruggetje stond en een paar kilometer verderop had hij er nog een zodanig op een auto gegooid dat deze volledig werd dubbelgevouwen. Toen vond hij dat R. aan de beurt was.

Er kwam een rode helikopter aangevlogen. Het sputterende geratel van de motoren verwaaide telkens op de wind en dat trok onze aandacht; we gingen naar het terras van de eerste etage om de gebeurtenissen te kunnen volgen. Het was een wonder dat de helikopter in staat was te landen. Dat hij vervaarlijk stond te schudden en te wiebelen konden we zelfs vanuit onze positie nog zien. Er kwamen twee terreinwagens en een politieauto aangereden. We zagen hoe er iets uit de schuur werd gedragen.

'Dat was R.', zei later de conciërge van de grote *mas*. 'Hij hield niet van het leven. Hij heeft veel tegenslagen moeten incasseren. Toch kreeg niets of niemand hem klein. Behalve de mistral.'

24

Twee weken winter

De *mairie* van ons dorp is een smal gebouwtje dat helemaal alleen op het marktplein staat. Binnen zien we het nog eens, maar dan op een ingelijste foto die pal boven het bureau van de gemeentesecretaris hangt. Die foto ziet eruit als een kerstkaart. Het gemeentehuis heeft een hoge witte hoed op en ook het pleintje is met een dik pak sneeuw bedekt. Iedere nieuwkomer wordt door een breed lachende gemeentesecretaris attent gemaakt op dit curieuze plaatje en ook wij hadden er wel schik in. Op de dag van onze kennismaking met *madame le maire* en haar secretaris was het immers zo om en nabij de veertig graden Celsius en dat het in de Gard winter kon zijn kwam ons toen als volstrekt onmogelijk voor.

Zes maanden later gaf de buitenthermometer vijf graden onder nul aan. Dat was vanochtend. De wind sneed dwars door het vale ochtendlicht en joeg miljoenen puntige ijsnaaldjes voor zich uit. Tegen negenen was het nauwelijks lichter geworden en begon het te sneeuwen. Kleine vlokken maakten plaats voor grote en er kwam een dicht en duizelingwekkend gedwarrel op gang. Het werd almaar witter en almaar stiller. Toen de vroege avond viel leek het vallen van de sneeuw de enige gebeurtenis van de dag te zijn geweest. Ze had alle ruimte en tijd gevuld.

We hadden gasten die avond. Het barre winterweer maakte dat het binnen nog gezelliger was dan gewoonlijk. Er werd volop gegeten en gedronken, zodat men in de kleine uurtjes zorgeloos in de winterjas dook om zo snel mogelijk het warme bed op te zoeken. Intussen bleek er echter een enorme hoeveelheid sneeuw te zijn gevallen. Overmoedig als men was, wilde iedereen gewoon naar huis, maar van sommigen hoorden we later dat het een barre tocht was geweest. Een vriendin deed uren over de nog geen twintig kilometer lange weg naar Nîmes. Samen met een groepje andere automobilisten is ze in konvooi zuidwaarts gegaan.

De volgende ochtend was de wereld roerloos, geluidloos en witter dan wit. Het was een pak van minstens twintig centimeter dik, dat hier en daar tot metershoge bergen was opgewaaid. De bomen stonden er flink ingepakt bij en de struiken waren nog slechts witte bollen. De dagelijkse geluiden ontbraken volledig. Geen hanengekraai van de kant van de buren, geen schoten uit jachtgeweren in de heuvels, geen tractoren of motorzagen in de verte, geen geblaf van honden. Hooguit het winterse getinkel van een roodborstje, dat de stilte alleen nog maar intenser maakte.

De Gard was inmiddels volledig ontregeld. Er hadden zich talloze slippartijen voorgedaan, er stonden files van Alès tot Arles en van Anduze tot Avignon, er reden geen treinen meer en de vliegvelden van Montpellier, Nîmes en Marseille waren dicht. Wegenzout was er nauwelijks en aan sneeuwschuivers had niemand gedacht. Gedurende de eerste uren van de dag was de chaos compleet. Vervolgens werd het stil. De mensen hadden op de uitzonderlijk barre weersomstandigheden geen ander antwoord dan in huis onder te duiken, het vuur hoog op te stoken, de tafel te dekken, de fles te ontkurken en te wachten tot de misère voorbij was. De boze buitenwereld manifesteerde zich slechts op onheilspellende wijze via de radio. Verkeersdoden hier, brand daar, bevriezingsgeval zus en ingezakt dak zo.

Tegen het middaguur waren de rust en de stilte enorm. En toen viel de stroom uit. De centrale verwarming hield ermee op, de watervoorziening staakte, de koelkast en de diepvries werden vorstvrij. We zaten bijeen, bij flakkerende kaarsen die kleine vlammetjes toverden in onze wijnglazen en lieten de buitenwereld aan de grillen van het klimaat over. Terwijl het avond werd en al heel vlug daarna nacht, zakte het kwik tot min acht.

In de dagen die volgden ontstond luid gekrakeel over de toenemende strengheid van de winters. In Zuid-Frankrijk heeft het weer een grote uitwerking op de mensen. Men is dermate gewend aan zon en aangename temperaturen dat men ogenblikkelijk geheel en al van slag is wanneer de weersomstandigheden tegenzitten. Men begint te mopperen en te zeuren, men gaat over pijntjes en kwaaltjes zaniken en de toekomst somber inzien. Het was al de derde winter op rij dat het zo koud was geweest en dat was *pas normale*. Helemaal ongelijk had men niet. Na veertien dagen pittige vorst was volgens de radio negentig procent van de olijvenoogst verloren gegaan en hadden erg veel jonge olijfboompjes het loodje gelegd. Ook in ander sectoren van de land- en tuinbouw was de winter hard aangekomen. Ikzelf begon te vrezen voor niet alleen onze eigen olijfbomen, maar ook voor de oleanders en de agaven. Van de laatste hebben er inderdaad een paar de winter niet overleefd. Op zekere dag trof ik ze slap en slijmerig aan. Dat was de dag waarop de wind keerde en het zachtjes begon te regenen. Binnen een etmaal klom de temperatuur vijftien graden de hoogte in. Op die februaridag was de winter voorbij.

25

Deux types spéciales

Met het huis kochten we bijna drie hectaren ruw weiland – afgezet door overwoekerde muurtjes van gestapelde keien –, een uit grote stenen opgebouwde schuilplaats voor herders, stukken verwilderde *garrigue*, bosjes altijdgroene steeneiken met een onderbegroeiing van lianen, groenblijvende struiken en wilde asperge, een massa vogels, insecten, reptielen en amfibieën en bovendien twee buurmannen. Deze hebben gebieden ten noorden en ten zuiden van ons stukje Frankrijk in eigendom. Ten oosten en ten westen strekken zich respectievelijk wijngaarden en wilde natuur uit. De zuidbuurman woont er permanent. Sterker nog: hij komt bijna nooit van zijn terrein af. De noordbuurman bezit er alleen weilanden en velden, waarop zijn paarden grazen, maar waarop hij ook een caravan en een half afgebouwd huis heeft staan.

De noordbuurman is een korte, stevige man, die altijd een beetje verbaasd door zijn bril kijkt, een lange broek en een dikke trui draagt bij temperaturen beneden de twintig graden en bij warmer weer een T-shirt en een minuscuul rood sportbroekje. Hij is loodgieter van beroep, maar leeft feitelijk van de handel in Arabische en Camarguepaarden. Altijd is hij wel op zijn terrein in de weer, waar hij hooit en ploegt, bouwt en afbreekt, van alles begint en niets afmaakt. Het is een man van wie gezegd wordt dat het maar beter is hem te vriend te houden. Met zijn opvliegende aard hebben wij inderdaad kennisgemaakt. De weinige contacten die hij heeft worden door de buurt gewantrouwd. Men noemt hem een *type spécial*.

De zuidbuurman is een schraal kereltje met eveneens een bril op, waarachter nijdige oogjes schitteren. Zijn haar is kort, grijs en stoppelig, net als zijn baard. Hij draagt altijd een lange broek en flodderige shirts, hoe koud of heet het ook is. De noordbuurman beweert dat de buitentemperatuur geen invloed heeft op de zuidbuurman omdat deze van binnenuit constant door liters wijn wordt verwarmd. Behalve met wijn houdt de zuidbuurman zich bezig met rondscharrelen tussen de enorme hoeveelheid rommel en rotzooi die hij op zijn terrein verzameld heeft: autowrakken, caravans, buizen en palen, bouwmaterialen, pallets en ga zo maar door. Verder houdt hij er om welke reden dan ook een dierentuin op na: kippen, ganzen, eenden, parelhoenders, konijnen, varkens, schapen en geiten. Hij is Parijzenaar van origine en haat alle mensen, met name de autochtone plaatselijke *paysans*. Die worden door hem primitieve boeren genoemd. Op hun beurt beschouwen de buurtbewoners ook hem als een *type spécial*.

Deze twee speciale types hebben al vijfentwintig jaar ruzie. De noordbuurman vindt de zuidbuurman simpelweg knettergek. Hij noemt hem *le vieux fou*, een oude gek dus, of ook wel *ivrogne*, wat dronkaard betekent. De zuidbuurman geeft toe inderdaad een grootverbruiker van wijn te zijn. Sinds z'n twaalfde heeft hij geen koffie, thee, melk of water meer gedronken. Alleen maar rode wijn. Daar is hij bijzonder trots op. Maar volgens de beweringen van de zuidbuurman is die uit het noorden eveneens onafgebroken in de lorum. Hij zou daardoor tot de meest afschuwelijke misdaden in staat zijn. In ieder geval zou hij brandstichten en alles stelen wat los en vast zit. 'Zo'n zonnewijzer', waarschuwde hij, op onze zonnewijzer wijzend, 'is zó weg.' De beschuldigde wist ons echter weer te vertellen dat de zuidbuurman ooit z'n oom heeft doodgeschoten. 'Dat huis van de *vieux fou* was eigenlijk eigendom van zijn oom. Maar na diens dood zou de neef het krijgen. Nou, toen heeft deze zijn oom maar even op een schot hagel getrakteerd.'

Dat geweer, daar hebben wij al vaker van gehoord. Komen er vreemden bij de zuidbuurman aan de deur – zoals allerlei lieden die in de mening verkeren bij ons op de stoep te staan – dan doet de oude baas open met het geweer in de handen. Hij noemt het zijn *vieux fusil*, zijn oude, vertrouwde kameraad, die hem terzijde staat bij de jacht op de Arabieren die in de wijngaard werken. Volgens zijn vrouw doet het oude geweer het niet eens. 'Het is zo verroest als zijn eigen kunstheup', smaalt ze.

Omdat deze vreemde man niemand op zijn terrein duldt, heeft hij het flink omheind. De noordbuurman spijkerde daarom een bord op een van de telefoonpalen met een pijl naar links en de aanduiding 'concentratiekamp linksaf'. Hij kon zich meteen op het politiebureau komen verantwoorden, waarvoor hij wraak nam door met zijn trekker de twee gigantische boomstronken weg te slepen die door de zuidbuurman op het zandpad waren gedeponeerd om vreemden te verhinderen zijn terrein te betreden. De kolossale stronken belandden in de Bourdic, waarna de zuidbuurman de ruiten van noordbuurmans caravan ingooide. Deze maakte daarna telkens het draad kapot dat over het pad werd gespannen ter vervanging van de boomstronken. De zoon van de zuidbuurman ploegde daarop alles dusdanig om dat het terrein volstrekt onbegaanbaar werd.

Wij zijn benieuwd hoe het allemaal afloopt. De een neemt het ons kwalijk dat wij met de ander praten, terwijl die ons weer beschuldigt van heulen met de vijand. We houden ons op de vlakte, maar zijn altijd alert. Gisterenavond tegen tien uur kwamen auto's met blauwe zwaailichten op volle snelheid aangereden. Er was weer eens een grensconflict tussen de twee buren. Geschreeuw, gedoe, mobilofoongeluiden, zwaar brommende motoren. We mengden ons er niet in. Vanochtend bleek dat er weer eens een stuk *garrigue* in de fik was gestoken. Het dampte nog na, als verbrande boter op een gloeiende bakplaat. Ik kwam er de zuidbuurman tegen met zijn abrikooskleurige poedel die naar de naam Boy luistert, of liever gezegd niet luistert. 'Dat heeft M. gedaan', zei hij, naar de rook wijzend. 'Ik ontdekte voetsporen die ik ben gaan volgen. Nou, je raadt het al: ze gingen richting caravan.'

's Middags sprak ik de noordbuurman. 'Heb je gezien wat *le vieux fou* heeft gedaan?' vroeg hij.

26

Knoflookvreters

Onze aannemer stak de rechterwijsvinger belerend op. 'Niet de Duitsers zijn onze vijanden', oreerde hij, 'de echte vijand van Frankrijk is Engeland!' Hij had zojuist een ferm betoog gehouden over de kongsie van de Angelsaksische landen inzake de Irak-kwestie en tevreden vastgesteld dat alleen Frankrijk en Duitsland zich tegenover 'de twee B's' hadden durven opstellen. 'De twee B's', herhaalde hij om zijn spitsvondigheid te benadrukken, 'Bush en Blair!' Om zijn krasse bewering te onderbouwen, had hij ons ook al getrakteerd op een uiteenzetting over de Honderdjarige Oorlog en vervolgens Napoleon nog even van stal gehaald, met Nelson in diens kielzog.

Ik verbaasde me voor de zoveelste keer over de historische kennis van de Franse *man in the street*, maar ook over het gemak waarmee deze de geschiedenis naar zijn hand zet. Wat betreft die vijandigheid had de aannemer echter wel een beetje gelijk. Water en vuur zijn ze, de Fransen en de Engelsen. Kijk daar de afleveringen van *Fawlty Towers* nog maar eens op na. Of *Allô, allô*! Archie Bunker was eveneens zeer bedreven in het beschimpen van de Fransen. Onze Engelse vriend P. verwoordde de Angelsaksische antipathie op onnavolgbare wijze. Net als die van de aannemer kon ook zijn wijsvinger de lucht inschieten, terwijl met donderende stem werd uitgeroepen dat alle Fransen 'nichten' waren en daarom nog nooit een oorlog hadden kunnen winnen. 'Knoflookvreters', dat waren ze, 'knoflookvreters en niets anders!'

Net als de aannemer had vriend P. het gelijk gedeeltelijk aan zijn kant. Fransen zijn inderdaad knoflookvreters en wat dat betreft hebben ze niet een beetje, maar helemaal gelijk! Het is zonneklaar dat de hoge ouderdom en de grote vitaliteit van met name bewoners van het Middellandse-Zeegebied mede te danken zijn aan het eten van veel knoflook en olijfolie. Toen het 'gewone' volk zich nog voornamelijk moest zien te voeden met brood, wijn, olie en knoflook werd de magische bol in Frankrijk zelfs op zo'n grote schaal geconsumeerd dat de dorpen en de steden doortrokken waren van de sterke carbidlucht ervan. Voor buitenlanders schijnt het Parijs van voor de Tweede Wereldoorlog daardoor een ware verschrikking te zijn geweest. Nog altijd trekken trouwens de herders in de Pyreneeën dagenlang door de bergen met geen ander voedsel dan brood, ingesmeerd met knoflook.

'Toen de duivel na de zondeval het paradijs moest verlaten', zo las ik in een verhandeling over knoflook, 'groeiden overal uien waar hij zijn rechtervoet en knoflook waar hij zijn linkervoet had gezet.' Het oude verhaal geeft niet alleen aan hoe belangrijk de rol van knoflook in de geschiedenis van de mensheid is geweest, maar ook hoe bovennatuurlijk de kwaliteiten ervan werden bevonden. Volgens de overlevering waren de slaven die de Egyptische piramides bouwden verplicht dagelijks een bolletje knoflook te verorberen. Dat zou hun kracht en uithoudingsvermogen vergroten. Ook in het oude Griekenland diende knoflook als versterkend middel voor zowel atleten als krijgers. De Romeinse legioenen verslonden bergen knoflook in de overtuiging dat er beter strijd geleverd werd.

Dankzij de kruistochten verbreidde de knoflook zich later over heel Europa, waar het niet alleen in de keuken maar ook als medicijn bij allerlei kwalen werd gebruikt. Zo werd het eeuwenlang als preventief middel beschouwd tegen de pest, reden waarom het arme-mans-tegengif werd genoemd. Van armeluiseten is het allengs een niet meer weg te denken kruiderij geworden. In de loop van de tijd heeft het een gerespecteerde rol in de voedselbereiding gekregen. Wat vroeger 'knoflookstank' werd genoemd heet tegenwoordig 'aromatisch'. De geur en de smaak horen inmiddels tot de vaste keukeningrediënten, net zoals peper en zout. Maar ik weet nog goed dat we vroeger niet alleen bij ons thuis chlorofylpilletjes slikten om verlost te worden van de knoflookstank, maar dat dit ook bij familie en vrienden gangbaar was.

De oorspronkelijk uit Centraal-Azië afkomstige knoflook werd al vijfduizend jaar geleden in het mediterrane gebied ingevoerd. Zowel de Egyptenaren als de Grieken en de Romeinen teelden het vanwege de geneeskrachtige werking. Knoflook leek voor alles goed te zijn wat maar slecht was. Het werd zelfs ingezet om vampieren, duivels en boze geesten weg te houden. Het was dus een echte panacee die ook voor zieke dieren gebruikt werd. In de zeventiende eeuw werden in Frankrijk – speciaal voor paarden – op grote schaal medicinale balletjes gemaakt van knoflook, anijszaad en zoethout. Je hoort nog altijd beweren dat ook honden er baat bij hebben. Bij mij in de buurt wordt geadviseerd om huisdieren op gezette tijden te ontwormen door ze rauwe knoflook toe te dienen. En onze reeds geciteerde aannemer adviseert om rauwe knoflook op pijnlijke wespensteken en jeukende muggenbulten te smeren, een remedie waaraan – volgens hem – Engelsen en Amerikanen uiteraard niet moeten denken.

Hij kende trouwens dat verhaaltje over de duivel en diens voetsporen. 'Waar slechts voetsporen zijn, is de duivel zelf verdwenen', bromde hij. 'Maar daar lijkt het niet op, dat hij er vandoor is, vooral hier in het zuiden niet. Want hoe dichter bij Rome, hoe slechter katholiek.'

27

Zwart figuurtje met gele hoed

De mimosa bloeide in de regen. Het was grijs en somber. Zoals altijd bij slecht weer kwam ons de mistral te hulp. Hij blies de hemel schoon, zodat er vrij baan kwam voor het voorjaar. Nadat de wind was gaan liggen en de lucht koel en zuiver was geworden, veranderden de donkere amandelbomen overal in witte pluimen. Toen begonnen de boomgaarden te bloeien. De heuvels en de dalen werden gedrapeerd met bleekroze vlakken. Zo dient zich steevast de lente aan, hier in Zuid-Frankrijk. Onveranderlijk. Steeds hetzelfde.

In februari van het jaar 1888 maakte Vincent van Gogh zijn plan waar om zich ergens in het zuiden van Frankrijk terug te trekken. Toen hij in Arles arriveerde lag er nog sneeuw. Maar ook hij maakte mee hoe de mistral de winter verjoeg. 'Ik heb dus ook al gelegenheid gehad te ondervinden wat die mistral is. Ik heb verschillende tochten in de omgeving gemaakt, maar door die wind was het steeds onmogelijk om iets te doen. De lucht was hardblauw met een grote schitterende zon, die vrijwel al de sneeuw heeft doen smelten, maar de wind was zo koud en droog dat je er kippenvel van kreeg. Niettemin heb ik heel mooie dingen gezien: de ruïne van een abdij op een heuvel, bedekt met hulst, pijnbomen en grijze olijfbomen.'

Korte tijd later legde hij een 'gezicht op Arles' vast, met op de voorgrond bloeiende boomgaarden. Een prachtig schilderij in blauw, roze, wit en groen. De kleuren van het voorjaar. In april schrijft hij in z'n dagboek: 'Op het ogenblik ben ik in beslag genomen door de bloeiende vruchtbomen: roze perziken, geelwitte perenbomen'. En: 'Ik ben bezig aan een laan met roze bloeiende kastanjebomen, een kleine bloeiende kersenboom en blauweregen'. Dit zonnige tafereel met een zandpad dat de compositie – vol vlekken zon en schaduw – in tweeën deelt, zette hij zoals altijd op zijn eigen trefzekere wijze in enkele uren neer op zijn zoveelste doek. Cipressen waren een volgend doelwit. 'Het verbaast me dat men ze nog niet heeft gezien zoals ik ze zie. Ze zijn mooi wat lijn en proportie betreft, als een Egyptische obelisk. En het groen is van een zo gedistingeerde kwaliteit. Het is de donkere noot in een zonnig landschap.'

Bomen hebben Van Gogh gedurende zijn hele leven gefascineerd. Ze veranderen met de seizoenen en beïnvloeden bovendien voortdurend de omgeving door hun onophoudelijk kwistig en grillig omgaan met zonlicht en schaduw. In Frankrijk zijn het natuurlijk vooral platanen die wegen, straten en pleinen dat typisch Franse licht geven. Het is het groenige 'plataanse licht' dat ook opvalt in schilderijen van Paul Cézanne. Geen wonder: deze tijdgenoot van Van Gogh heeft zijn leven lang in Aix-en-Provence gewoond, een stad die niet alleen beroemd is om haar 'honderd' fonteinen, maar ook vanwege de prachtige platanen.

Aix-en-Provence is bijzonder trots op Cézanne, maar tijdens diens leven was dat wel anders. De in zichzelf gekeerde, wereldvreemde kunstenaar werd bespot, uitgelachen en zelfs mishandeld. Toch had deze eenzame en eigenaardige man het nog niet zo moeilijk als Van Gogh. Die schrijft in zijn dagboek van maart 1889: 'Een aantal mensen van hier heeft tot de burgemeester (ik geloof dat hij meneer Tardien heet) een adres gericht (er waren meer dan 80 handtekeningen) waarin ze me aanduiden als iemand die niet waard is om in vrijheid te leven, of iets van dien aard. De commissaris van politie of de hoofdcommissaris heeft daarop bevel gegeven mij weer op te sluiten. In elk geval is het zo dat ik al weer lange dagen achter slot en grendel en onder bewaking in de cel zit, zonder dat mijn schuld bewezen is of zelfs maar bewijsbaar zou zijn.'

Het was een droevig lot voor de man die hoopte 'de schilder van het zuiden' te worden. Ook hij kwam erachter dat de Provençalen niet zo aardig zijn als zelfs nog een eeuw later Peter Mayle ons tracht wijs te maken. Diens boek *Een jaar in de Provence* voert het toneelstuk op dat men zo graag wil zien. Het is echter in de Provence beslist niet alleen maar grappig, prachtig en heerlijk. Het is er net zoals overal elders in de wereld, omdat er gewone, normale mensen wonen. Het is er grotendeels agrarisch, wat onmiskenbare gevolgen heeft voor mens en landschap. Paul Gauguin, die een poosje in Arles bij Van Gogh in huis woonde, vond het landschap er net zo 'bekrompen en kleingeestig' als de mensen. Hij had wel een beetje gelijk: vanwege haar agrarische aard is de Provence niet het meest verfijnde deel van Frankrijk. Maar zijn bewering over het landschap is klinkklare onzin. Het landschap van de Provence is simpelweg schitterend. Qua natuur en cultuur vormt het een bijna volmaakte eenheid. Het is een zeldzaam mooi gebied, vol schoonheid en vervuld van de adem van de geschiedenis.

Het was niet alleen het fraaie landschap dat Vincent van Gogh deed besluiten naar het zuiden te trekken. Hij wilde vooral het 'andere licht' zien. Hij werd er volledig door gegrepen, net zoals later Matisse en Cézanne. 'De natuur lijkt hier een zuiver wonder', schrijft hij in 1880. 'De hemel straalt overal in een prachtig blauw, de zonnestralen doen zich voor in bleek zwavel. Zo mooi kan ik het nooit schilderen.'

Maar hij kan dat wel degelijk. Hij tovert bloeiende amandel- en perenbomen in roze en wit, hij maakt korenvelden in oranje en geel, en tuinen in honderd kleuren groen. Zijn opgewonden kleurgebruik laat zien hoe gefascineerd hij is door het verschijnsel kleur, waarover hij ook in zijn dagboeken en brieven niet uitgepraat raakt.

'De natuur begint van nu af aan te verschroeien. In alles is er nu oud goud, brons, koper zou je zeggen, en dat met het groenblauw van de witgloeiende hemel geeft een heerlijke kleur, buitengewoon harmonieus.' En van de Middellandse Zee zegt hij dat ze een kleur heeft als van makrelen. 'Dat wil zeggen, wisselend; je weet niet altijd of het groen of violet is, je weet niet altijd of het blauw is, want de seconde erna heeft de veranderlijke weerschijn een roze of grijze tint aangenomen.'

De kleuren van de natuur blijven hem boeien, tot aan zijn dood op 29 juli 1890. Zijn laatste brief eindigt met de beschrijving van een schilderij waarop een eenzaam en in de natuur verloren personage is afgebeeld dat hij zelf zou kunnen zijn. Het tafereel lijkt het naderend onheil te voorspellen, alleen al door de kleuren: '(...) een zwart figuurtje met gele hoed en op de voorgrond een zwarte kat. De hemel bleekgroen.'

28

Fiesj ente sjiepe

'Natuurlijk zijn Fransen chauvinistisch', zei Pascal, 'we hebben hier alles wat ons hartje begeert.' Hij leek niet erg blij te zijn met wat hij zei. Daar zag hij tenminste niet naar uit. Zijn door weer en wind geteisterde gezicht vertoonde vermoeide trekken en hij keek somber uit de ogen. Waarschijnlijk was het vele en zware werk van de laatste tijd er de oorzaak van. Het was de drukste tijd van het jaar geweest op en rond de reusachtige boerderij die hij samen met zijn broer beheert.

Hij glimlachte troosteloos en vervolgde: 'Mooie steden, prachtige kleine dorpen, heuvels en dalen en uitgestrekte bossen vol wild, bergen voor de wintersport en voor de zon is er de Middellandse Zee, er is kunst en cultuur en ga zo maar door.' Hij verviel in stilzwijgen en dook pas een hele poos later op uit het glas waarin hij gevlucht was.

'Dat we chauvinisten zijn is zo vreemd dus niet,' zei hij neerslachtig. 'Daarom gaan we ook niet gauw naar een ander land. Wat is dat nou nog, het buitenland? Ze eten er rare dingen en geen sterveling spreekt er gewoon Frans. Je kunt net zo goed naar de maan gaan.' Hij leegde zijn glas en keek me dermate smekend aan dat ik het meteen weer volschonk.

'Neem nou de Duitsers', zei hij. 'Als ik het journaal moet geloven, vinden die het prachtig om voor de wielen te gaan liggen van alle vrachtwagens en treinen die ook maar enigszins de verdenking wekken dat ze nucleaire afvalstoffen vervoeren. Dat snap je toch niet? Moeten die stoffen dan maar blijven liggen waar ze gebruikt zijn?

Dat kan toch niet? Die moet je toch wegbrengen om ze veilig op te bergen? Wel gebruiken, maar niet opruimen. Ongelofelijk. Net als dat gedrag van ze. De baas spelen, schreeuwen en een boel herrie maken. Ze hebben niks geleerd van die oorlogen. Rare lui, net als bijvoorbeeld de Zweden en de Finnen. Hun nationale sport is naakt in de sneeuw rollen. Wat vind je daar dan van?'

Hij was op hoge toon gaan praten terwijl zijn hoofd een tamelijk rode kleur had aangenomen. Hij wond zich op, dat was duidelijk. Zijn glas was alweer bijna leeg en ik vulde het snel.

Hij keek me woedend aan. 'En dan die Amerikanen! Het enige waar ze op uit zijn is de wereld veroveren. Nu is Frankrijk aan de beurt. Moet je de jongeren horen. Die hebben het maar over 'super cool' en 'hot' en 'hip-hop'. Nou, ze hebben hun lesje wel geleerd op die elfde september! En de Engelsen, deugen al evenmin! Straks wordt het ook in Frankrijk de gewoonste zaak van de wereld dat de mensen precies om zes uur van kantoor naar huis gaan, om het journaal niet te missen. En dat ook wij dan *fish and chips* (hij sprak het uit als *fiesj ente sjiepe*) zitten te eten en witte bonen in een giftige, rode saus!'

Hij streek zich vermoeid over het voorhoofd, waarbij hij ongewild zijn haardos omhoogduwde tot een driftige kuif.

'Jullie Nederlanders zijn al geen haar beter', bromde hij ongemanierd. Hij waagde het toch maar te zeggen! ...'Lang leve de vrijheid! Hasjiesj roken, zelfs op familiefeestjes. Heroïne spuiten op de middelbare school en gewoon in het openbaar, op het plein voor de kerk bijvoorbeeld. Raar land, raar volk. Dat alles aan de ene kant, terwijl ondertussen een vrouw wordt gestenigd die vreemd is gegaan. In Nijkerk was dat. Ze had haar man bedrogen en toen is ze door vissers gestenigd.' Hij begon luid te lachen.

'In Nijkerk?' vroeg ik verbaasd. 'Hoe kom je daar nu bij?'

'Dat heb ik in de krant gelezen', antwoordde hij, 'ze werd op de kade gestenigd omdat ze iets met een ander had gehad terwijl haar man op zee was.'

'Nijkerk ligt niet aan zee', zei ik. 'Daar is geen haven en daar zijn geen vissers.'

'Wel waar', riep hij uit. Hij leegde zijn glas en zette het met een ferme klap op tafel terug. 'Ik heb het in de krant gelezen. Kijk, dat is nou precies wat ik bedoel. Er gebeuren de raarste dingen in Nederland en jij doet alsof je neus bloedt. Heeft jouw land soms geen slechte kanten en vervelende trekjes?' Hij knikte heftig, zodat zijn kuif de lucht doorkliefde.

'Vast wel', zei ik, 'maar Nijkerk heeft geen haven en er worden al helemaal geen vrouwen gestenigd.'

'Nou', bulderde hij, 'dan moeten jullie daar maar eens gauw mee beginnen! Want fatsoen kennen ze helemaal niet, de Nederlanders. De helft van de vrouwen werkt er achter de ramen en de andere helft houdt er een handvol mannen op na. Terwijl hun eigen man ook de echtgenoot is van een stuk of wat andere vrouwen. En dat ene mens in Nijkerk...'

'Kletskoek', onderbrak ik hem, 'hoe kom je toch aan al die onzin?'

'Gelezen', riep hij, 'in zo'n tijdschrift dat mijn vrouw altijd koopt. Maar dat van die steniging, dat heb ik uit de krant...'

Hij zweeg abrupt. Ik vulde onze glazen.

'Laten we het maar over iets anders hebben', opperde ik. Dus begonnen we over de stand van zaken op de akkers en de wijnvelden te praten en daarna over vogels en zo werd het toch nog een gezellige *apéro*, zoals het borreluurtje voor het avondeten wordt genoemd.

De volgende morgen kwam ik hem in het dorp tegen. Hij stak vlak voor mijn auto de weg over.

'*Bonjour Pascal*', riep ik uit het geopende raampje, '*ça va*?'

'Hé', brulde hij me toe, 'het was Spakenburg! Niet Nijkerk! Spakenburg!'

Ik knikte en stak mijn hand op.

Er kwam een gedachte bij me binnengeslopen. 'Als het Spakenburg was, waar het in de krant over ging, hoe weet hij dan in hemelsnaam van het bestaan van Nijkerk af?' mompelde ik verbaasd. 'Wat heeft hij met dat stukje Holland?'

29

Gpl1 d'ID

Er is nooit een machtiger natie geweest dan de Verenigde Staten. Amerika is de hele wereld de baas en alle volkeren dansen naar zijn pijpen, of ze dat nu willen of niet. De Amerikaanse cultuur dringt tot in alle hoeken en gaten van planeet Aarde door en zelfs op de maan en op Mars ligt de Amerikaanse rommel al net zo te rotten en te roesten als in de straten van Chicago en New York. Nu wordt uiteindelijk ook Frankrijk geïnfiltreerd! Ouderwetse en vaderlandslievende Fransen beschouwen dat als een infectie. 'We zijn besmet', verzuchtte mijn krantenverkoper in Uzès.

'*Trop fun*', hoorde ik een meisje op een terras in hetzelfde stadje zeggen toen haar vriendin had uitgeroepen: '*No rush, no stress*! *Que c'est chouette quand on est speedée par rien*!' Half Amerikaans, half Frans, die zinnen. Het gaat echt snel, de veramerikanisering. *Ça va vite, super vite*! Radio, televisie, film en popmuziek spelen in deze vliegensvlugge ontwikkeling uiteraard de belangrijkste rol. Het is via deze kanalen dat met name de Amerikaanse jeugdcultuur Frankrijk binnenstroomt: een niet te stuiten stortvloed. Zelfs kinderen van vijf, zes jaar gebruiken al woorden als '*cool*'. '*C'est un été cool*', zei het dochtertje van de superfranse wijnboer die bij ons een glaasje was komen drinken.

Een heel andere trend op taalgebied – en een stuk ouder trouwens – is het omdraaien van lettergrepen. Dit merkwaardige verschijnsel wordt *verlan* genoemd en is afkomstig uit de straatcultuur van de grote stad. De benaming van dit soort *argot* is al *verlan* op zich, omdat het de verdraaiing is van het woord *envers*. *À l'envers* betekent 'verkeerd om'. In het *verlan* wordt bijvoorbeeld *pourri* (verrot) veranderd in *ripou.* Met name jongeren zijn dol op dit soort spelletjes met woorden. Het *verlan* is helemaal ingeburgerd in hun taalgebruik. Geïntegreerd zelfs. Bij hen staat *oilpa* voor *à poil* (spiernaakt) en *telmort* (heftig) voor *mortel.* Van het woord *jobard* dat 'sufferd' betekent wordt door minstens de helft van alle Fransen zo langzamerhand de omdraaiing *bardjo* gebruikt.

Geheel associatief kom ik hiermee plotsklaps op een zó Frans fenomeen, dat massa's ansichtkaarten het als vrolijk en zonnig plaatje hebben. Zo gek is mijn gedachtesprong eigenlijk niet, aangezien ook de zonnebloem oorspronkelijk uit Amerika komt en zij bovendien alles te maken heeft met draaien. De Fransen dichten de plant de fantastische gave toe dat ze haar bloem kan laten meedraaien met de zon. Daarom hebben ze de zonnebloem *tournesol* genoemd. De bloem zou de dag naar het oosten gekeerd beginnen, om daarna de zon te volgen via zuid naar west. Onzin, protesteren vele plantenkenners: zonnebloemen kijken wel allemaal dezelfde kant uit, maar altijd naar het zuiden. En zo zitten we in de situatie dat de ene deskundige de andere tegenspreekt en het ene boek over dit onderwerp heel andere mededelingen doet dan het andere. Ikzelf zie de meeste bloemen op de zonnebloemvelden naar het oosten gekeerd. En in die positie blijven ze de hele dag door. Ik heb ze nog nooit zien draaien.

Toch is het draaien van een bloem of een ander deel van een plant beslist niet iets uitzonderlijks. Dus waarom zou ook de zonnebloem zich dan niet kunnen bewegen? Planten wenden zich natuurlijk graag naar het licht toe. Maar met evenveel gemak gaan ze een andere richting uit. Zo bewegen onze oer-Hollandse tulpen op de vaas zich vaak van fier omhoog naar diep hangend. We mogen ons dit specifieke buigen trouwens geenszins voorstellen als het buigen dat wij doen om iets van de grond te rapen. Een plant kan namelijk alleen maar buigen door in een bepaalde richting te groeien.

Net als bij mens en dier wordt ook bij planten de groei teweeggebracht en gereguleerd door een hormoon, dat in het geval van planten auxine heet. Het auxine beweegt zich altijd grotendeels naar de donkere zijde van de stengel, die hierdoor sneller gaat groeien dan de belichte kant. Het gevolg is dat de stengel zich naar het licht buigt. U kunt dit proces vergelijken met wat er met een voertuig gebeurt waarvan de wielen aan de ene kant sneller draaien dan aan de andere kant.

De Franse maatschappij – waarvan de donkere kant, net als bij de Nederlandse, zich sneller ontwikkelt dan de lichte – is te vergelijken met zo'n *véhicule* dat zich om zijn lengteas draait. Ze maakt *super vite* een spectaculaire wending. Door allerlei steeds heftiger wordende invloeden uit niet alleen de Amerikaanse film- en popcultuur, maar ook uit de zich razendsnel ontwikkelende wereld van technologie en informatica, groeien de jongeren en de jongvolwassenen veel sneller de nieuwe tijd in dan de andere generaties, hetgeen ook Frankrijk uit balans brengt. Ouderen begrijpen steeds minder van de uitingen van jongeren. Wat zouden ze ook aan moeten met bijvoorbeeld zoiets als de *'langage texto'*, het 'texto-taaltje'?

Een supernieuw fenomeen. Er worden de signalen, codes en afkortingen onder begrepen die gebruikt worden in sms-jes. Zoals *slt* in plaats van *salut*. Jongeren kunnen er prima mee overweg, met dit taaltje van symbolen en afkortingen. Ze gebruiken *Cva b1?* voor *Ça va bien?*, *Ccho* voor *C'est chaud*, *Tu vi1 2 m'1?* voor *Tu viens demain* en *@ l'1di* voor *A lundi*.

Ik vind het eigenlijk een geweldig leuk taaltje, maar doe er zelf niets mee. Naast Nederlands, Frans, Duits en Engels hoef ik er niet nog een taal bij. *Ça m'strS*. Laat mij maar rustig meedraaien met de zon. Probeert u intussen de *langage texto* maar te ontcijferen, die ik u vanuit mijn 'dispara' doe toekomen: *slt! Je vous embrasse. Un 'kiss' sûrement, deux peut-être.*

30

L'histoire se répète

Het Frans is een moeilijke taal. Je spreekt het niet zomaar vanzelf. Je moet het leren. Daarom ging ik iedere maandagavond naar het *Institut de la Langue Française de l'Uzège.* Daar volgde ik de cursus conversatie voor gevorderden en dat deed ik met bijzonder veel plezier omdat niet alleen de kwaliteit van de lessen hoog was, maar ook omdat er telkens nieuwe thema's behandeld werden, zoals op zeker moment de poëzie.

We lazen een gedicht van Paul Verlaine om daarover van gedachten te gaan wisselen. Het gedicht had als titel *Le ciel est par-dessus le toit* en was gekozen uit Verlaines in 1880 gepubliceerde bundel *Sagesse.*

Le ciel est, par-dessus le toit,
Si bleu, si calme!
Un arbre, par-dessus le toit,
Berce sa palme

La cloche, dans le ciel qu'on voit,
Doucement tinte,
Un oiseau sur l'arbre qu'on voit
Chante sa plainte

Mon Dieu, mon Dieu, la vie est là,
Simple et tranquille
Cette paisible rumeur-là
Vient de la ville

Qu'as-tu fait, ô toi que voilà
Pleurant sans cesse,
Dis, qu'as-tu fait, toi que voilà
De ta jeunesse?

Het is een mooi gedicht, fraai van klank en ritme, zoveel was mij en mijn medecursisten duidelijk. Minder duidelijk was de inhoud. 'Wat bedoelt de dichter hier te zeggen?' zo luidde de onvermijdelijke vraag van de cursusjuf. Dat de dichter zich in een kleine ruimte bevond lijdt geen twijfel, daar waren we het allemaal roerend over eens. Er is een raam waardoorheen hij de blauwe lucht ziet, alsmede een enkele boom met daarin een zingende vogel. Het zijn de rustige en eenvoudige geluiden en beelden die hem via dat venster bereiken en hem aan het peinzen zetten. Wat heb je gedaan? Waarom heb je je jeugd verkwanseld?

Op de vraag van de cursusleidster in wát voor een ruimte de dichter zich dan wel bevond, antwoordde ik dat het zijn zolderkamer moest zijn en dat hij door het dakraam de verre, vreemde wereld waarnam. Dat aan de beslotenheid van die ruimte in het gedicht vormgegeven was door de korte zinnen die door de strakke interpunctie in het gareel werden gehouden.

Dat was niet slecht, vond juf, maar het was ook niet goed. Verlaine zat niet op zijn zolderkamertje, maar in de gevangenis, van waaruit hij door het tralievenster de wereld in ogenschouw nam. En waarom zat hij dan wel in de bak? Omdat hij twee schoten had afgevuurd op collega-dichter Arthur Rimbaud met wie hij een homoseksuele verhouding had. Tijdens een met alcohol doordrenkte ruzie had Verlaine zijn revolver getrokken en de trekker tweemaal overgehaald. Rimbaud raakte gewond en Verlaine werd gearresteerd.

Van geschiedenis kan gezegd worden dat ze zich herhaalt, maar ook dat ze zich niet zozeer klakkeloos herhaalt, als wel tot inspiratie dient voor een nieuwe geschiedenis. Want wie schetst mijn verbazing bij het beluisteren van het verhaal van onze goede vriend P.? Hij kwam voor iets heel anders bij ons langs, maar liet meteen al duidelijk blijken dat er iets helemaal mis was. Een glas wijn maakte zijn gevoelens en vervolgens ook zijn tong los.

'Ik heb een grote stommiteit begaan', verzuchtte hij na een poos vertwijfeld te hebben zitten handenwringen. 'Iets onvergeeflijks en onomkeerbaars. Iets wat ertoe zal leiden dat ik mijn huis moet verkopen, moet verhuizen en ander werk moet zoeken.'

Om het theatrale effect van deze inleiding ten volle uit te buiten, hield hij vervolgens zo lang zijn mond dat wij hem ten slotte bijna smeekten ons het verhaal te vertellen. Maar toen kwam dan ook de aap uit de mouw. Hij had iemand beschoten!

Die iemand was zijn voormalige vriend en nog altijd huidige werknemer N. In de loop van de jaren was de onderlinge onenigheid echter uitgegroeid tot echte ruzie, met heftige confrontaties, en daarom wilde P. een einde maken aan de samenwerking. N. weigerde echte ontslag te nemen, terwijl P. hem op zijn beurt natuurlijk geen ontslag wilde geven vanwege de zakelijke en financiële consequenties ervan. Maar het conflict nam dusdanige vormen aan dat P. besloot N. te dwingen ontslag te nemen. Hij maakte de ontslagpapieren zo in orde dat N. er alleen nog maar zijn handtekening onder hoefde te zetten. Vervolgens nam hij het van zijn vader geërfde pistool uit de kast.

'Ik voelde me uitgesproken rustig, die maandagochtend', vertelde hij. 'Ik nam een douche, dronk een kop koffie, stak de papieren bij me en laadde het pistool. Als een echte gangster stopte ik het achter mijn broekriem, deed mijn jasje aan en ging naar mijn atelier, waar N. al aan het werk zou zijn. Daar aangekomen deed ik de deur achter me op slot, legde de papieren voor N. op tafel en trok mijn pistool. 'Tekenen', zei ik, 'of ik schiet je dood.' 'Niks ervan', antwoordde N., 'ik teken niets.' Waarna ik twee schoten loste, links en rechts van de in paniek wegduikende N. Lijkbleek was hij en hij trilde als een riet. Hij nam een pen in zijn hand en tekende. Ik zei hem dat hij kon vertrekken, wat hij deed.'

'Ongelofelijk, P.', zeiden Manja en ik. 'Maar wat nu?'

'Ik zal vandaag of morgen aangeklaagd en gearresteerd worden. Ik zal mijn werk kwijt zijn en mijn huis moeten verkopen. Ik zal in de gevangenis belanden!'

Hij zag er, vanzelfsprekend mede door de wijn, deerniswekkend uit. Met afhangende schouders nam hij uren later afscheid.

Een paar dagen later belde ik hem op.

'Hoe gaat het, P.?' informeerde ik. 'Kwalijke ontwikkelingen?'

'*Pas du tout*', antwoordde hij, 'ik heb er niets meer van gehoord.'

'Mooi', zei ik, 'het is je dus beter vergaan dan Verlaine?'

'Zeker', zei hij ogenblikkelijk.

Het was me duidelijk. P. had een pluim verdiend. Uiteraard geenszins vanwege zijn al dan niet op de door hem beschreven wijze gepleegde daad, maar beslist wel voor zijn kennis van de Franse literatuurgeschiedenis en de heel eigen wijze waarop hij haar zich ten voorbeeld had gesteld.

31

Andermans spullen

Vanwege veel slecht weer moeten Nederlanders vaak binnen zitten en daarom houden ze van gezelschapsspelletjes. En als ze al niet zitten te klaverjassen, te scrabbelen of te 'rummikuppen', kijken ze naar spelletjes op de televisie. Het leukst is dan natuurlijk een teeveespelletje waaraan je zelf kunt meedoen. Zoals het Groot Nationaal Dictee. Daar schijnt iedereen voor thuis te blijven. Dat is dus echt iets voor Nederlanders.

Een Franse vriend zei me dat zo'n dictee niet echt iets voor Fransen is en daarom verbaasde hij zich erover dat het idee in Frankrijk werd geboren en nog aardig succesvol bleek. Fransen houden best wel van een spelletje op zijn tijd, een potje kaarten of zo, maar met een dictee moet je bij hen liever niet aankomen. 'Ze vallen niet graag door de mand', zei hij, 'trots als ze zijn op de kwaliteit van hun onderwijs en op de Franse cultuur in het algemeen. Voor de grap geven ze elkaar nog wel eens kleine dicteetjes op, zoals *Si six scies scient six cyprès, six cent six scies scient six cent six cyprès*. Dat is natuurlijk meer een luisteroefening en een tongbreker dan een lastig spellingsvraagstuk, maar toch... veel Fransen zullen er zich met een smoesje of een grapje vanaf maken.'

In Frankrijk woonachtige Nederlanders storten zich daarentegen vol strijdlust op het door mijn vriend razendsnel uitgesproken, rare en in eerste instantie onbegrijpelijke zinnetje. Waarmee ze aangeven dat spelletjes bij hen horen. Huiskamerspelletjes wel te verstaan. Zoals gezegd houden ook Fransen van spelletjes en die zijn natuurlijk meestal niet meer dan een gezellig tijdverdrijf, maar er zijn er ook bij die beslist minder onschuldig genoemd mogen worden.

Zo is men hier in de Gard dol op stierenvechten en allerlei ander volksvermaak waarvan die beesten het slachtoffer zijn. Onze regionale krant, de *Midi Libre*, wijdt er onder de kop *Bouvine* zelfs wekelijks een pagina aan. Daarop wordt verslag gedaan over het aantal stieren dat die week is afgeslacht in de diverse arena's, en op welke wijze. Aan geen detail wordt voorbijgegaan, ook niet als het om *matadors* of *raseurs* gaat die op de hoorns werden genomen. Onlangs werd er één zodanig geschept dat zijn liezen uiteenscheurden en een broodje warm vlees gemaakt kon worden van hetgeen zich tussen die liezen bevond. Ook was er een dappere held wiens borst doorboord werd en zeer recentelijk viel er nog een dodelijk slachtoffer in Beaucaire. Dat was gelukkig niet de stier.

Stierenvechters zijn in het algemeen Spanjaarden, want in wezen is het wrede en primitieve bedrijf op en top Spaans. Van lieverlee heeft het zich echter ook in het mediterrane Frankrijk ontwikkeld tot een zeer populair volksvermaak. De matadors hebben soms de status van popsterren en het vlees van de gedode stieren wordt door slagers middels grote advertenties in de kranten opzichtig aangeprezen. Over rituelen gesproken! Eet dit vlees en wordt zo sterk, machtig en potent als een stier!

In de arena's zie je alleen maar zwarte stieren. Evenals de befaamde witte paarden worden ze gefokt in *manades* die overal in de Camargue te vinden zijn. De halfverwilderde beesten grazen er vrijelijk rond en geven de groene, zonovergoten uitgestrektheid van velden en moerassen een zeer on-Frans aanzien. Het felgekleurde landschap met zijn kudden grote graseters doet onder de knalblauwe hemel denken aan Afrika. Dat plaatje wordt compleet gemaakt door duizenden flamingo's.

Zoals de Camargue lijkt te zijn samengesteld uit allerlei stukjes wereld – Frankrijk uiteraard, maar je ziet ook oosters aandoende rijstvelden, exotische tabaksplantages, Caraïbische zoutvlakten, Spaans stierenspul, wildwestachtige ranches en Afrikaanse landschapselementen – zo is ook de flamingo op zich een soort collage. De onderdelen komen overal vandaan. De lange, dunne steltpoten zijn die van een sprieterige reiger, het roze lijf komt uit de kitscherige garderobe van een operettegezelschap, de buigzame hals werd op de stofzuigerafdeling van een groot warenhuis gevonden en de snavel is natuurlijk in de feestwinkel gekocht. Het is de raarste snavel uit de dierenwereld. Voor toekan, neushoornvogel en papegaaiduiker om ziek te worden van jaloezie. Hij slaat als een tang op een varken, die flamingotoeter, die eruitziet als een boemerang, een kromgetrokken pantoffel of een oude schoen.

'De Camargue hoort net zomin bij Frankrijk als de flamingo', zei onze aannemer, die er dikwijls vist. Zoals die snavel niet bij de flamingo hoort en de flamingo niet bij Frankrijk, zo hoort de Camargue er ook niet bij. Hij dacht eventjes na en zei: 'En Corsica trouwens ook niet.'

Je zou het zo niet zeggen en ook de aannemer keek ervan op, maar toch is die malle snavel een uiterst efficiënt ding. Door zijn kop aan de lange nek heen en weer te slingeren harkt de flamingo er allerlei eetbaars uit de golven mee bijeen. Het water wordt door een groot aantal lamellen in de snavel geperst waardoor er algen, zaden, organische modderdeeltjes, insecten, slakjes en visjes uitgezeefd worden, maar vooral een heleboel kleine kreeftjes die roodachtig van kleur zijn. Het zijn deze beestjes die de flamingo het rode pigment verschaffen dat de veren zo fraai roze kleur. Want feitelijk zijn flamingo's sneeuwwit.

Een aardige wetenswaardigheid, die zich trouwens uitstekend leent voor een vraag in een televisiequiz, zoals *Qui veut gagner des millions?*, een heel populair spelletje. Het wordt gepresenteerd door Jean-Pierre Foucault, die met Robert ten Brink heeft afgesproken hoe er gelachen moet worden, hoe er bedenkelijk moet worden gekeken en hoe de spanning kan worden opgebouwd. Zelfs de grapjes nemen ze van elkaar over, Jean-Pierre en Robert. Ze hebben niet veel van zichzelf, die twee. Net als flamingo's. Net als de Camargue.

32

Avonden in maart

Het was een dag vol wilde wind geweest, een chaotische dag waarin alles zwiepte en zwaaide. De takken van de bomen met hun tere groen grabbelden en graaiden door de woeste lucht, waarin langgerekte wolken zich van noord naar zuid haastten. Daar tussenin blonken telkens plassen verblindend wit licht op of vielen gaten van een fel ijsblauw. Niettemin liet zich op deze dag de eerste fitis horen en had een dappere bremstruik zijn goudgele bloempjes geopend.

Tijdens het avondeten joeg de storm asgrauwe rookwolken over het veld. Een haas glipte uit het struikgewas en sprintte weg. We stonden op precies hetzelfde moment op, Manja en ik, lieten de maaltijd voor wat ze was en gingen de rook tegemoet. Het was het veld ten westen van ons terrein dat brandde, opnieuw, want het had al eerder in de fik gestaan. Flink aangemoedigd door de mistral waren de vlammen fel en heet, maar de wind zorgde er ook voor dat het vuur zich laag over de grond verplaatste. Met takken gingen we de brand te lijf en een uurtje later hadden we de situatie onder controle. Het veld was volledig zwart geblakerd en stootte een dichte, vuile walm uit, die ons deed hoesten en de ogen deed tranen.

Toen het donker werd ging ik nog even poolshoogte nemen. Het verschroeide stuk *garrigue* stonk en dampte als een aangebrande koekenpan. Het leek alsof het vuur ondergronds was gegaan. Daar knetterde en knisperde het en de bodem was zo heet als een bakplaat. Er smeulden nog wat takken en stronken. Hier en daar flakkerde een vlammetje, dat ik uittrapte met mijn laarzen. Van één boom brandde de kern. Het vuur vrat zich door het binnenste naar boven. Er was zodoende vanaf de grond een uitgebrande holte ontstaan waarvan het plafond gloeiend en knetterend omhoogkroop. Ik probeerde het schoorsteenbrandje met een steen te doven, wat niet lukte. Toen schoten mij de gevleugelde woorden van Heer Bommel te binnen: 'Tom Poes, verzin een list.' Die list lag voor de hand. Ik moest toch nodig.

Twee dagen later stormde het nog steeds. De mistral had de grond volledig uitgedroogd en overal was de aarde gebarsten, zoals je wel in documentaires over arme landen ziet. Alweer tegen etenstijd stond de tuin opnieuw vol rook. Hetzelfde terrein als achtenveertig uur eerder stond in brand. De vlammen waren nu alleen veel hoger. De bulderende wind joeg het vuur en de rook kriskras over het veld. Er was niets aan te doen en dus besloten we de brand te laten uitwoeden binnen het carré van zandpaden dat het woeste gebiedje omsluit. We stonden toe te kijken toen de buurman arriveerde. Hij was geheel in het grijs gekleed, wat uitstekend kleurde bij zijn bijna witte borstelhaar en stoppelbaard. De geit die hij bij zich had paste prima in het plaatje. Hij liep wel vaker met het beest rond, dat hij als een hond aan de lijn uitliet. Het abrikooskleurige poedeltje dat het duo vergezelde mocht daarentegen vrij meelopen.

Buurman begon ogenblikkelijk op hoge toon een redevoering af te steken. Het waren de boeren die zomaar hele stukken bos en *garrigue* in de hens staken. Dan konden ze er akkers of wijngaarden van maken. Tot aan de jacht zou dat zo doorgaan. Dan hadden ze alle bomen en de planten om zeep geholpen en konden ze de dieren gaan doodschieten. Dit gebeurde allemaal met volledige toestemming van de gemeente. We konden wel naar de *souspréfecture* stappen of zelfs naar de *préfecture*, maar er zou nooit iets aan veranderen. De boeren waren de baas! En wie hen dwarsboomde, die zou het te verduren krijgen! Met name in het jachtseizoen waren ze niet mis. Dan liepen ze dwars door je terrein om alles neer te leggen wat liep of vloog. Ook je honden, reken daar maar op! Daar hadden ze geen clementie mee. Maar ze schoten ook met het grootste gemak dwars door je auto heen of door de brievenbus. En wie was het knechtje van dat plattelandsvolk? Jawel, M., de buurman aan de andere kant! Daar had hij niet voor niets al dertig jaar ruzie mee. Die deed alles wat de boeren zeiden. Zelfs brandstichten. Brand, dat hoorde bij het leven hier. Daar moesten wij, *étrangers*, maar aan wennen. Dat had hij, Parijzenaar van origine, ook gemoeten!

Misschien had hij gelijk, die knorrige mopperkont. Want het brandde die avond ook in de *garrigue* ten zuiden van onze heuvel. Wat hem echter aan het denken moet hebben gezet, was dat er ook brand was op het terrein van M. zelf. Wie steekt nu zijn eigen stekje in de hens? Bovendien steeg er ook rook op vlak bij zijn eigen huis. Toen wij hem hierop attendeerden, zei hij dat het zijn zoon was die takken en bladeren aan het verbranden was. 'Zo gaat dat hier', zei hij, 'jong geleerd, oud gedaan.' We zullen er inderdaad aan moeten wennen.

33

Cadrans solaires

Het staat er in het Nederlands: 'Tijd heeft vleugels en geen teugels'. De spreuk is uitgebeiteld in de zonnewijzer van een door landgenoten bewoonde boerderij in de buurt. Op een truttig Hollands tegeltje zou hij niet misstaan hebben, maar dat maakt hem niet minder waar: een waarheid zo groot als de al even Hollandse koe. De tijd gaat snel en is niet in toom te houden. Jaren van ons leven verglijden als de dagen van de week. Voor je er erg in hebt is het feestje voorbij. Het is een bikkelhard gegeven, dat vanwege zijn meedogenloze onontkoombaarheid de mens heeft gefascineerd. Op schilderijen zien we bijna opgebrande kaarsen, boeken die openliggen op de laatste pagina, dode bloemen en dorre schedels als sinistere symbolen van de tijd die ons is gegeven, maar zo angstaanjagend snel opraakt.

Er zijn niet veel instrumenten waaraan in de loop van de tijd zoveel aandacht is besteed en vakmanschap is gewijd als aan klokken en horloges. Zo heb ik me laten vertellen dat hier in Frankrijk eens een uurwerkje is vervaardigd dat zo klein was dat er alleen onder een microscoop de tijd op viel af te lezen. Het klokje was gezet in de oogholte van een gouden libel, die op een zilveren boomblad was gemonteerd. Het klokje had niettemin 130 onderdeeltjes die in grootte varieerden van een honderdste tot een paar duizendste van een millimeter.

Het moderne uurwerk is het resultaat van een duizenden jaren lange speurtocht naar betrouwbare tijdmeting. Deze heeft ertoe geleid dat alle klokken van de wereld volgens internationale afspraken op elkaar zijn afgestemd. Overal geschiedt de tijdberekening op gelijke wijze. Maar vóór het zover kwam is heel wat tijd verstreken. Reeds duizenden jaren voor ons technologische tijdperk probeerde de mens de tijd te schatten. Oorspronkelijk bepaalde men hem door het waarnemen van zon en maan en het wisselen der seizoenen. Wie zich echter alleen maar richt op deze verschijnselen, kan dag en jaar slechts in grote perioden indelen. Naarstig en vol vindingrijkheid op zoek naar verfijning werden daarom achtereenvolgend de zonnewijzer, de zandloper, de waterklok, het mechanische en uiteindelijk het digitale uurwerk ontwikkeld.

'Rien ne sert de courir; il faut partir à point', las ik op zomaar een zonnewijzer. 'Rennen baat niet, men moet op tijd vertrekken'. Hij is geloof ik van De la Fontaine, deze uitspraak, die in feite betekent dat je niet achter de feiten aan moet hollen, maar het leven zodanig moet organiseren dat je er plezier aan beleeft. 'Leef met de zon', alweer een zonnewijzerspreuk. Alweer een goede. Zonder zon is er geen leven. Maar waar zij volop schijnt, bruist het doorgaans van vitaliteit. Dat deze conclusie juist is wordt wel bij ons in Zuid-Frankrijk bewezen. Alsof het een landelijke wedstrijd betreft in wie het meeste plezier in het leven heeft, roept men overal trots uit dat ter plekke de zon er de meeste uren maakt. Elke stad en elk dorp eigent zich dit record toe, van Uzès tot Prades, van Menton tot Nîmes. Waar je maar komt, overal krijg je te horen dat de zon er minstens 300 dagen per jaar schijnt!

Wie zich zó met de zon verbonden voelt, stemt er zijn leven op af. Terwijl vroeger in het noorden de waterklok beter voldeed, was in het zuiden de zonnewijzer de tijdmeter bij uitstek. We zien hem nog overal, ingemetseld in muren en verbleekt door het hemellichaam waaraan hij zijn bestaan te danken heeft. Door mensenhanden in allerlei vormen gemaakt en voorzien van de meest uiteenlopende decoraties verrichten zonnewijzers eeuwenlang hun taak op het ritme van de hemel. Het is de zon zelf die er de tijd op aangeeft.

Het principe is vrij eenvoudig. Op een vast aangebrachte tijdschaal is een naar de poolster gerichte staaf aangebracht. Het is de door het zonlicht veroorzaakte schaduw van de staaf die de tijd aanwijst. Het tijdstip dat wordt aangegeven, is natuurlijk afwijkend van de algemeen geldende tijd op ons horloge. De zon beweegt zich immers van oost naar west, met als gevolg dat wanneer een zonnewijzer in Nice twaalf uur aangeeft, dit tijdstip op een zonnewijzer in Bordeaux nog niet is bereikt. Vroeger was dit geen probleem: men reisde nauwelijks en elke stad had simpelweg zijn eigen tijd. Nu tegenwoordig alle klokken van de wereld op elkaar zijn afgesteld, geven zonnewijzers slechts de exacte plaatselijke tijd. Zo illustreren ze heel goed hoe relatief tijd is. En dat is precies wat ze bedoelen. Het is het relatieve van de tijd dat ons ook door de veelvuldig op zonnewijzers aangebrachte spreuken wordt geleerd. Spreuken die tot nadenken stemmen en die deze functie ook vroeger hadden: ook al schijnt de zon, de tijd verglijdt en het leven is kort.

> '*Rappelez-vous de votre heure dernière et vous ne pécherez jamais*'. ('Houdt uw laatste uur in gedachte en haast u nooit'.)
>
> '*Tu es suivi de la mort, comme l'heure de l'ombre*'. ('Je wordt door de dood gevolgd, zoals het uur door de schaduw'.)
>
> '*Le temps passe vite, emploie-le bien*'. ('De tijd verstrijkt snel, gebruik hem goed'.)
>
> '*Mortel, sais-tu à quoi je sers? Marquer les heures que tu perds*'. ('Sterveling, weet je waaroor ik dien? Voor het aangeven van de uren die jij verliest'.)

Zo realiseerden zelfs de meest uitbundige bon-vivants uit de Provence en de Languedoc zich dat ze het niet te bont moesten maken!

34

Oui

Met de boeken die over Frankrijk zijn verschenen, kan makkelijk een hele bibliotheek worden gevuld. Er blijft echter maar bar weinig over als alle onwaarheden, romantische kletspraatjes en tot op de draad versleten clichés eruit gehaald worden. Hooguit een paar kasten vol, maar die boeken zouden dan ook de waarheid over Frankrijk bevatten. Dat wil zeggen: de door buitenlanders in Frankrijk beleefde werkelijkheid.

Wat moeten we bijvoorbeeld met de bewering dat te laat komen voor Fransen net zo'n verplichting is als voor Nederlanders het keurig op tijd zijn? Gaat een boek met zo'n tekst eruit of blijft hij erin? Ik vrees dat dat er wel in blijft. Het is namelijk volstrekt waar dat er Fransen te over zijn die het niet al te nauw nemen met het tijdstip van een afspraak, maar in andere landen gaat het er dikwijls beslist niet anders aan toe. Moet je ook in Nederland niet vaak genoeg wachten op mensen die niet op tijd zijn? Om dan een telefoontje te krijgen in de trant van: 'Ja, ik sta hier in de file…' In Frankrijk echter blijft zo'n telefoontje meestal uit. Een Fransman is gemakkelijk van mening dat hij zich niet hoeft te excuseren of af te melden. Het simpele feit op zich dat hij niet op een afspraak verschijnt, betekent dat hij, om welke reden dan ook, niet kan komen. Dat moet voldoende zijn. De ander ziet toch gewoon dat hij er niet is? Je belt toch ook niet op om te zeggen dat je er wel zult zijn?

Fransen hebben inderdaad de neiging afspraken aan hun laars te lappen. Het gebeurt immers maar al te vaak en dus nemen we het gemakkelijk als vaststaand feit aan. Het blijft dus in de boeken. 'Onzin', zeggen de meeste mij bekende Nederlanders die zich in Frankrijk hebben gevestigd. 'Weet je wat het probleem is? Buitenlanders kennen de Franse codes niet!' En dan komen ze steevast op de proppen met de interpretatiemogelijkheden van het woordje *oui*. Vraag je bijvoorbeeld iemand of hij morgen komt en luidt dan diens antwoord: '*En principe, oui*', of '*normalement oui*', dan doe je er goed aan er rekening mee te houden dat hij niet zal komen opdagen. Zelfs de toezegging '*oui*' op zich kan heel goed botweg 'nee' betekenen. Vooral in Zuid-Frankrijk zijn er namelijk een heleboel *oui's*. Het kan uiteraard gewoon 'ja' zijn, zoals in 'nog een glaasje?' '*Oui!*' Maar het kan ook 'misschien wel/niet' betekenen. Je kunt er alle kanten mee op.

In '*oui*' gebruiken voor 'nee' is onze loodgieter een kei. We hadden hem nodig omdat er een kraan was afgebroken, een andere lekte en bovendien een nieuwe wc-pot, die hij had geplaatst, scheef stond. Dus belden we hem op.

'*Oui*', zei hij, zonder omwegen. Donderdagmiddag zou hij er zijn. Maar hij kwam niet. Op vrijdagmorgen belden we opnieuw. Nee, hij was niet gekomen, want er was een loodgieterscongres in Avignon en daar moest hij bij zijn. Dat begrepen we vast wel. Maar zaterdagochtend om 11 uur, dan was hij er!

Niet dus. Op zaterdagmiddag hingen we alweer aan de telefoon. Nee, hij had niet gekund: de auto was stuk. Dat hadden toch wel begrepen, dat hij verhinderd was geweest? Maar goed, maandag om 5 uur was hij van de partij. Zeker? *Oui*! En dat '*oui*' betekende dat we hem maandagavond opnieuw aan de telefoon hadden.

'Zeg, hoe zit dat nu eigenlijk met al die afspraken van u? Bent u van plan te komen of niet?'

'Maakt u zich geen zorgen', suste hij, 'ik ben overbezet en dat heeft u gemerkt, maar mijn klanten zijn mij heilig en morgenvroeg sta ik bij u op de stoep.'

'Kunnen we daar nu echt op rekenen?'

'*Oui*', antwoordde de loodgieter vastberaden.

En dus verscheen hij alweer niet, die dinsdagochtend. Telefonisch bleek hij ineens onbereikbaar te zijn, maar 's avonds kregen we zijn vrouw aan de lijn. Stelde *Monsieur le plombier* nog wel prijs op onze klandizie? Hij beweerde van wel, maar deed het tegendeel vermoeden. Hoe zat dat? Kon mevrouw ons dat vertellen? Maar mevrouw wist natuurlijk van niets. Ze garandeerde ons echter dat haar man zou bellen, zo gauw hij thuis was. Maar dat de telefoon niet zou gaan, wisten we natuurlijk al bij voorbaat.

Pas op donderdag kregen we hem te pakken. Dat we hem er flink van langs gaven zal duidelijk zijn. Vrijdag, vrijdagmorgen, hij beloofde het! Niets kon hem daarvan afbrengen! Hand op zijn hart! En werkelijk... daar stond hij, die vrijdag in alle vroegte, in het witte ochtendlicht. Klein en beduimeld, het pluizige haar danig in de war maar met wakkere oogjes, waarmee hij de kranen en de wc in ogenschouw nam. Na de inspectie krabde hij zich geruime tijd op het hoofd om ons vervolgens te laten weten dat hij in verband met de omvang van de klus op dit moment geen tijd had. Het reparatiewerk moest tot de volgende ochtend wachten. Dan kon hij de klus rustig en netjes klaren. Niets aan te doen. Zo zat het en niet anders. Morgen ging hij ermee aan de slag. '*Oui*?' '*Oui*!' 'Zeker weten?' '*Oui.*' 'Echt?' '*Oui, oui, oui!*'

Zoals '*oui*' vaak 'nee' betekent, betekent driemaal '*oui*' dus driemaal 'nee'. De loodgieter kwam simpelweg, heel gewoon en doodeenvoudig niet opdagen. En nam ook geen contact meer op. Wij natuurlijk ook niet. 'We nemen wel een andere loodgieter', beloofden we elkaar, maar er was geen betere dan hij. We zagen hem pas maanden later, toen de afvoerbuis van het toilet verstopt was, en toen werd nergens meer over gesproken. Intussen waren de kranen door onze vaste klusjesman hersteld en hadden we de wc gelaten voor wat hij was. Wel hadden we het verhaal intussen doorgegeven aan de aannemer die ons huis had verbouwd en die veel samenwerkte met de loodgieter. Hij zou het wel eens met hem bespreken. Het was immers een goede loodgieter en die waren zeldzaam. Dinsdag kwam hij toch bij ons, de aannemer, en dan zou hij wel vertellen hoe het gesprek was afgelopen.

'Ik moet dat stuk in de trap nog bijwerken', bracht hij ons in herinnering, toen we informeerden wat er onder handen genomen ging worden. Om daar de vraag aan te koppelen of er wel voldoende *Topral* was voor het bijwerken van het pleisterwerk.

'Ja', beaamde ik, 'meer dan genoeg.'

'Mooi', bromde de aannemer, 'tot dinsdag dan'.

'Ja, tot dan', antwoordden wij. 'Zoals altijd tegen achten?'

'*Oui*', zei hij.

En wie dus niet kwam, die dinsdag, was de aannemer.

En hoe het met die trap is afgelopen? Is die inmiddels gerepareerd?

'*Oui*'. Nee dus.

35

Het verslepen van een gazon

Eindelijk was de verbouwing achter de rug en kon ik de grond gaan bewerken waarop de materialen hadden gelegen en de machines hadden gestaan. Spitten, stenen weghalen, egaliseren, harken en... het zaaien van graszaad. Het spreekt vanzelf dat ik een mooi gazon voor ogen had, maar ik had niet gerekend op een ter plekke woonachtig volkje dat een heel andere bedoeling bleek te hebben met de zaadjes. Aanvankelijk was ik me zelfs niet eens bewust van wat er zich op de ingezaaide zandvlakte afspeelde, maar ineens ontdekte ik dat het schijnbaar stille en verlaten terreintje krioelde van de mieren.

Er is geen diergroep in mijn tuin die zoveel soorten telt als de klasse van de insecten. Ook in aantallen overtreffen die kampioenen elke andere groep dieren. Er zijn, zelfs 's winters, vlinders bij de vleet, er scharrelen duizenden kevers rond, het is er in de zomer vergeven van de wespen, 's nachts zijn er muggen en overdag vliegen. Onder gunstige omstandigheden ontstaan gemakkelijk plagen. Warmte en vocht brengen muggen op de been, hitte en droogte wespen en alle andere weersomstandigheden vliegen. Wanneer niets tegenzit kan één enkel paartje vliegen in vier maanden 191 kwintiljoen nazaten voortbrengen. Dat is het getal 191 gevolgd door 18 nullen! Dit terzijde, maar niet onbelangrijk.

In Zuid-Frankrijk komen ruim vijftig soorten mieren voor, waarvan de nesten soms wel uit 500.000 werksters bestaan. Van zo'n nest waren al die werksters bezig op wat in de toekomst mijn gazon moest worden. De thuisbasis van de menigte bleek zich in een stukje wild groen te bevinden, van waaruit zich een gestage stroom mieren naar de plek van het graszaad spoedde en waarnaar een ononderbroken colonne van soortgenoten terugkeerde, elk beladen met één graszaadje. Op het afhaalterrein zelf liep alles en iedereen door elkaar. Zaadjes werden er uit het zand getrokken, gereinigd en geïnspecteerd om vervolgens door een paar sterke kaken te worden opgetild en via de zojuist beschreven vierbaans mierensnelweg naar de voorraadkamers in het nest te worden gebracht.

Mieren leven van planten, plantensappen, nectar, honingdauw, dierlijk en plantaardig afval, insecten, wormen en allerlei andere kleine beestjes, waardoor ze stellig een zeer belangrijke rol vervullen in de huishouding van de natuur. Om bijvoorbeeld een groot nest rode bosmieren in stand te houden zijn dagelijks 100.000 insecten nodig als voedsel! In het geval van deze mierensoort kan het niet schelen welke insecten, maar er zijn onder de mieren ook verschillende voedselspecialisten die als gevolg van hun kieskeurigheid bijzonder interessante levenswijzen hebben ontwikkeld. Zo zie je in mijn tuin mierensoorten die bladluizen kweken omwille van de mierzoete honingdauw die door deze beestjes wordt uitgescheiden. De luizen worden in speciale ruimten of buitenplaatsen gehouden, die je prima kunt vergelijken met de hokken, stallen en weilanden van onze boeren. Zoals de mens met de hand een koe melkt, zo masseren mieren het achterlijf van hun bladluizen om het uitvloeien van honingdauw te stimuleren.

De mieren die snel en vakkundig mijn gazon versleepten, bleken 'oogstmieren' te zijn. Het zijn specialisten die de zaden van granen en grassen verzamelen om deze in voorraadkamers op te slaan. Voor slechte tijden. De zaden worden, als ze vochtig zijn, eerst in de zon te drogen gelegd. Hebben zich al kiempjes uit het zaad ontwikkeld, dan worden deze afgebeten. Het ontkiemen gaat namelijk ten koste van de voedingswaarde van het zaad. Vaak ook worden zulke onbruikbare zaden uit het nest geworpen, zodat er al vlug een dichte wildernis van gras rond de ingang groeit.

Zo verging het dus ook mijn gazon-in-aanleg. Meteen na het zaaien was het hele mierenvolk op de been gekomen om het zaad weg te halen, nadat verkenners thuis waren gekomen met het bericht dat een overvloed aan graszaad als manna uit de hemel was komen vallen. De bergjes zaad die ik bij de ingang van het nest aantrof, bestonden uit de zaadjes die van de kiempjes waren ontdaan en in de zon lagen te drogen. Het had dus geen zin dat ik die zaadjes opnieuw uitzaaide en door het zand harkte. Het weer inzaaien – met nieuw graszaad – van de geplunderde plekken was al even nutteloos: het zaad werd ogenblikkelijk weer opgehaald. Het was vechten tegen de bierkaai! Voor mijn huis strekt zich nu een door zon en wind geteisterde zandvlakte uit waarop hier en daar een plukje gras groeit, behalve rond de tegels, die ik had gelegd om overheen te lopen en waaronder de mieren inmiddels een aantal nieuwe nesten hebben aangelegd. Daar heeft het reeds ontkiemde en dus door de mieren weggeworpen zaad voor frisgroene fragmentjes gazon gezorgd. De rest van de grasmat ligt onder de grond. Om te zeggen 'onder de groene zoden' zou niet alleen volstrekt onwaar, maar bovendien zelfkwelling zijn.

36

Nummertje trekken

De *préfecture* in Nîmes gaat 's ochtends om negen uur open en dus was ik er precies op tijd. Dat wil zeggen: ik had om negen uur een parkeerplaats gevonden. Een kwartiertje daarna sloot ik me aan bij de rij om een nummertje te trekken. Ik trok nummer 182. Allemachtig! Welk nummer was aan de beurt? Dat was nummer 8, bij loket 4! Ik vond een plekje en ging zitten te midden van de enorme menigte wachtenden, die zo gestaag aangroeide dat de mensen noodgedwongen op de grond en op de trappen moesten plaatsnemen. Iedereen was bezig met het voor de zoveelste maal doornemen en controleren van zijn papieren. Ook mij was van alle kanten op het hart gedrukt alle paperassen perfect in orde te hebben. 'Ze sturen je om het minste of geringste zo weer naar huis.'

Vraag je Nederlanders hier waarom ze naar Frankrijk zijn verhuisd, dan zeggen ze allemaal: 'Vanwege het klimaat en om de fysieke en geestelijke ruimte.' 'Geen kwaad woord over Nederland', brommen ze dan, 'maar allemachtig wat is het daar vol. Mensen, dieren, auto's, huizen, winkels, bedrijven, dingen en spullen: alles is ermee volgepropt, van Groningen tot Maastricht en van Haarlem tot Enschede. Wegen, parkeerplaatsen, ziekenhuizen, bejaardenhuizen, scholen: er kan geen mens meer bij. De recreatiegebieden puilen uit van de recreanten, de natuurgebieden zitten propvol herten en dassen, in de Waddenzee kun je lopen over de zeehondjes, op de akkers staan de maïsstengels twee millimeter uit elkaar, terwijl boeren, burgers en buitenlui zich er schouder aan schouder omheen verdringen.'

'Je wordt er gek van', klagen ze, 'want niet alleen het land is vol. Ook de agenda's zijn boordevol en de werkschema's, de planningen, de weekends, de clubs en de verenigingen. Het werk vult de dag en 's avonds moet er volop sociaal geleefd worden. Familie, vrienden, Lions, Rotary, postzegelvereniging, ouderavond, sportschool, vergadering, hobby, televisie. Zaterdags en zondags: autowassen, shoppen, gras maaien, meubelboulevard, Efteling, Uitmarkt...'

'Er is geen bewegingsvrijheid', verzuchten ze, terugkijkend op hun vorige leven. 'Alles en iedereen wordt op z'n plaats gehouden, beteugeld en beknot door het teveel. Het teveel aan mensen, vervoersmiddelen, afspraken, werk, vergunningen, diploma's, regels. In Nederland wordt je geleefd. Je bent een nummer en overal waar je komt moet je nummertjes trekken.' En dan kijken ze tevreden uit over het rustige, golvende heuvelland, de wijngaarden en de roerloze dorpjes onder de grote, blauwe, stille hemel: het Frankrijk van hun dromen.

Ik kijk naar het nummertje in mijn hand. Het is bijna half elf. Het stadsverkeer van Nîmes bromt en gromt. Vlakbij de *préfecture* staat het Romeinse *Maison Carré* in de zon. Ook de tweeduizend jaar oude arena ligt rustig te soezen in de warmte van de ochtend. In de *garrigue* buiten de stad zingt de nachtegaal. Nog iets verder weg kabbelt de grote, blauwe, stille zee. Nummer 96 is aan de beurt. Tegen elven komt er ineens vaart in. Nummer 131 loopt naar *guichet* 7. Drie kwartier later zie ik plotseling de nummertjesklok het getal 182 aangeven. Met de op z'n minst vijf keer gecontroleerde stapel formulieren haast ik me naar balie 6. Een nors mens, met veel glansloze krulletjes op het hoofd, grist me de papieren uit de hand. Of het om een man dan wel een vrouw gaat zou ik nader moeten onderzoeken, als me dat al zou interesseren. Het persoon zegt geen woord, tot het met een vlijmscherpe wijsvinger op één van de formulieren tikt. 'U heeft een S.A.R.L.?' vraagt het. 'Ja', antwoord ik. 'Waar is dan uw stempel?' klinkt het nors. 'Die heb ik niet', zeg ik, 'je hoeft toch in deze moderne tijd geen stempel te hebben?' 'Hier in de *préfecture* van Nîmes in Frankrijk wel', snauwt het me toe. De stapel papier wordt in mijn richting geschoven. 'Stempel laten maken en daarmee terugkomen', zegt het.

Een paar dagen daarna ben ik al om tien vóór negen ter plekke. Een grote menigte is me voor. Het nummertje dat ik trek is 99.

37

'Allez votre corridor'

De schilder heeft zijn verfpot en kwasten een ogenblik alleen gelaten. Hij loopt in de zon door het veld, dat vol gele, blauwe en rode bloemen staat. Hij heeft z'n witte schildersoverall aan, vol vlekken en strepen: geel, blauw en rood. Hij zegt: 'Hoor je de koekoek?' In het Frans natuurlijk. '*Coucou*', zegt hij. Ik knik.

Raar, denk ik, dat de Fransen '*coucou*' zeggen en wij Nederlanders 'koekoek'. Wie heeft er gelijk? Ik luister goed. Nee, geen k. De Franse koekoek spreekt inderdaad de laatste k niet uit. Interessant. Stellig een weinig onderzocht taalgebied.

Franse vogels spreken natuurlijk Frans, zo is mijn conclusie. De befaamde Franse haan kraait '*cocorico*!', terwijl zijn Nederlandse collega 'kukelekuu!' roept. Ieder zingt zijn eigen lied. In Rusland zegt de haan '*koekoeriekoe*!' De Italiaanse haan zegt '*chicchirichi*!' en de Britse '*cock-a-doodle-doo*!'

De schilder is het niet met me eens. Franse dieren spreken geen Frans en Engelse dieren geen Engels. Het is de mensenwereld niet! 'Maar wij', roept hij, de vinger dreigend in mijn richting priemend, 'wij maken er iets anders van in onze eigen taal. Wij maken er mensentaal van. Maar een haan spreekt gewoon haans en een koekoek koekoeks.'

We lopen samen door de wei. In de zon. Vlinders en bloemengeuren om ons heen. We beginnen over Loure te praten. Die heeft ook een eigen taal. Loure is de loodgieter. Hij praat *patois*. Dialect dus. Hij praat zó plat dat niemand hem verstaat. Ook de meeste Fransen niet, vooral niet omdat hij ook nog heel snel en slordig praat. Hij spreekt, zoals we allemaal zeggen: '*la langue Loure*'.

Ik vertel hem dat buitenlanders dikwijls de neiging hebben hun eigen taal woordelijk in het Frans te vertalen. Als voorbeeld geef ik '*allez votre corridor*.' Dat betekent: 'Gaat uw gang'. Het kost me een boel uitleg. Aan de waarschuwing voor een hondendrol op straat begin ik dus maar niet. Hoe zou ik hem duidelijk kunnen maken dat '*attention, cette espère est semaine*' 'pas op, deze hoop is week' betekent?

Hij zegt dat buitenlanders vaak zo vreselijk slecht Frans spreken dat marktkooplui de geitenkaas bijvoorbeeld aanprijzen met de uitroep '*Bèèh*!' En dat die buitenlanders dan denken dat dat het Franse woord voor geitenkaas is. '*Deux bèèhs, s'il vous plaît*.'

Wat hij ook heel leuk vindt, de schilder, is wat die Engelsman laatst steeds zei. Die maakte een combinatie van Engels en Frans toen hij het over de lente had en steeds het woord *springtemps* gebruikte.

Lente is het. Er schijnt een grote, gulle zon. Alles staat in bloei. De vogels zingen. De schilder wil weer aan het werk. Alle luiken moeten nog in de *vert d'Uzès*. Hij steekt zijn vinger op bij het horen van een tortelduif.

'Weet je wat die duif zegt?'

'Zeg het eens', zeg ik.

'Tortelduiven zeggen altijd: '*deux whiskey*'. Dat is in tegenstelling tot andere vogels geen duiventaal. Het is gewoon Frans.'

'Ja', zeg ik, 'dat is Frans. Dat is onmiskenbaar Frans. Daarom verstaan wij Nederlanders natuurlijk de tortelduiven niet!'

38

De blauwe vogels

Camille houdt van vogels. Van de meeste kent ze de namen en daar heb ik veel van geleerd. Hoe ze in het Nederlands heten weet ik wel, maar in Frankrijk moest ik helemaal van voren af aan beginnen. Camille was er om me te vertellen dat een mees *mésange* wordt genoemd en een specht *pic*, terwijl *épervier* voor sperwer staat en *pinson* voor vink. Ik oefende al die namen door elke vogel die ik zag in het Frans te benoemen en telkens het woordenboek te raadplegen wanneer ik het Franse woord niet kende. Al vlug had ik me een bescheiden dictionaire eigen gemaakt van de vogels die rondom ons huis voorkwamen. Gelukkig kon ik die kennis gefaseerd vergaren. In mijn eerste Franse winter waren er uiteraard slechts standvogels, dat wil zeggen de vogels die niet wegtrekken. In het voorjaar kwamen daar de trekvogels bij. De leerstof werd door lerares natuur in overzichtelijke porties opgediend.

Pas laat in de lente arriveerden de vogels die Camille telkens *les oiseaux bleus* had genoemd, de blauwe vogels, hetgeen me fascineerde omdat ik me geen voorstelling kon maken van de soort die bedoeld werd. Volgens de buurvrouw waren ze superslank, snel en hemelsblauw. Ik brak me er het hoofd over, maar begreep pas dat het om bijeneters ging toen ze er plotseling waren. Hun stemmen dienden zich eerder aan dan hun kleurrijke verschijningen: ineens was de lucht vol van hun opmerkelijke geluid, dat zich heel moeilijk laat beschrijven. Het is weliswaar vloeiend en hoog van toon, maar anderzijds zit er ook een soort rolletje in. Het heeft ook iets – hoe zal ik het zeggen – kroeligs, iets roeperigs, iets van proe of pruu.

Een prachtige vogel, de bijeneter. Een kleine dertig centimeter lang en zo exotisch bont van verentooi dat het lijkt alsof hij zich in clownspak heeft gestoken. De buik is blauwgroen, de keel kanariegeel, de bovenzijde kastanjebruin, en de oogjes kijken de wereld in door een zwart boevenmasker. Het kleurige geheel is voorzien van een lange, dunne en iets gebogen snavel en twee wulpse, schijnbaar overbodige puntjes aan de staart.

Deze vrolijke Frans bewoont de landen rond de Middellandse Zee, want hij houdt van het bonte, zonovergoten heuvelland vol cipressen, olijfbomen en pijnbomen. Wie bijeneters ziet zal het met me eens zijn dat ze nergens anders thuishoren dan in de blauwe, zinderend hete lucht. Daar tollen ze het liefst in groepjes in rond. Prachtige, lange zweefvluchten maken ze, telkens onderbroken door snelle vleugelslagen. Er zijn weinig andere vogels die zo gracieus achter hun prooi aanzitten. Want dat doen ze zwierend en zwaaiend.

Zoals de naam al zegt eten bijeneters bijen. Ofschoon Camille ze *oiseaux bleus* noemt, is de officiële Franse naam *guêpier*, wespeneter dus. Maakt niet uit: het zijn zowel bijen als wespen waarmee ze zich voeden. Beslist geen eten dat ons het water in de mond doet lopen, maar bijeneters lusten er wel pap van en als dessert versmaden ze libellen of zweefvliegen geenszins.

Terwijl ik dit allemaal vertel, vraagt iedereen zich natuurlijk af hoe het komt dat de vogeltjes niet bont en blauw worden gestoken. Geen gekke vraag. Bont en blauw zijn ze al en gestoken worden ze ook. En een bijen- of wespensteek kan dodelijk zijn voor een vogel van hun afmeting. Maar de bijeneter is immuun voor een of twee van zulke steken. Een groot aantal kan natuurlijk zelfs hij niet verdragen, maar een steekje meer of minder, daarvan knippert hij hooguit even met de ogen. Maar dat het onverstandig is een steek op te lopen in keel of slokdarm weet hij drommels goed en daarom wrijft hij, alvorens tot de maaltijd over te gaan, het insect zodanig tegen een steen of een tak dat de angel eruit getrokken wordt. Een specialistisch karwei en er zijn dan ook maar weinig vogels die dergelijke steekbeesten eten.

Van mij mag het. De hete droge zomers van het zuiden zijn ideaal voor felle vechtersbazen zoals wespen en hun gevreesde grote familieleden de hoornaars. Er zijn dagen dat het oppervlak van mijn zwembad bezaaid is met wespen. Honderden zijn het er, die verdronken zijn bij het halen van water om daarmee hun nesten te koelen. Vele duizenden slagen er wel in om hun watervrachtje te bemachtigen en af te voeren. In de topmaanden juli en augustus herbergt mijn tuin vele tientallen nesten. Gelukkig zijn er de bijeneters om het reusachtige en agressieve leger van die zwaar bewapende lastposten te bestrijden. Het lijkt alsof ze daar jaarlijks speciaal voor worden ingehuurd. Dat ze op verzoek van de Franse overheid hun Afrikaanse winterkwartieren verlaten om in de Provence en de Languedoc korte metten te maken met de kwaadaardige, opvliegende en gemeen stekende soort kleine wespen die er de boel danig terroriseren. Het is een oorlog die met Franse élégance wordt uitgevochten door zwierige en joyeuze manschappen in opzichtige kitschuniformen. De manoeuvres boven mijn tuin doen sterk denken aan de 'operette-veldslagen' van Napoleon. Dat beweerde tenminste een notabele uit de buurt die bij ons op het terras een glas wijn zat te drinken. Camille was het met hem eens. Ik ken niet zoveel Fransen die Napoleon niet serieus nemen.

39

Mannen zijn overbodig

De meeste dieren zien er prachtig uit. Maar al hun fraaie vormen, kleuren, patronen en tekeningen hebben geen andere functie dan om hen te doen opgaan in hun omgeving. Dieren zijn er niet om de mooiigheid. Door hun camouflage lopen ze veel minder kans om opgemerkt te worden door niet alleen hun vijanden, maar ook hun eventuele prooidieren. In verreweg de meeste gevallen werkt dit heel efficiënt. Bij sommige dieren echter schiet het zijn doel voorbij. Zoals bij het wandelende blad. Dit insect is absoluut niet van een gewoon blad te onderscheiden. Het heeft een ideale bladvorm, nerven en een groene kleur en mag de meest geslaagde camouflagetruc van de natuur genoemd worden. Het is het toppunt van nabootsing, van mimicry. Insecteneters zien hem dan ook niet. De gelijkenis met een echt blad is echter zo groot, dat het wandelende blad zijn als levensreddend bedoeld uiterlijk uiteindelijk dikwijls met de dood moet bekopen, wanneer plantenetende insecten of zoogdieren de tanden in hem zetten, in de overtuiging een sappig boomblaadje te verschalken. Ik lust zelf geen bladeren, maar liep wel tien keer langs het wandelende blad op de deur van mijn atelier voordat ik ontdekte waarmee ik eigenlijk van doen had.

Waar bladeren zijn, zijn takken, en naast het wandelende blad is er de wandelende tak. Het is een onwaarschijnlijk lang en dun insect dat als twee druppels water op een gewoon takje lijkt. Overdag houdt het beestje zich roerloos, de voorpoten, waarop het kopje rust, stijf naar voren gestrekt. Wordt er al bewogen, dan gebeurt dit traag en schoksgewijs. Het woord houterig is hier uitstekend op z'n plaats. De manier van bewegen komt frappant overeen met die van een in de wind wiegend twijgje. Maar, zoals gezegd, meestal houdt het dier zich stil, waardoor het door geen vijand wordt opgemerkt. De mimicry is zo overtuigend dat vogels soms hun snavel aan hem schoonvegen, zoals ze dit aan echte takken doen. In de wingerd zie je hem simpelweg niet, dat doe je pas wanneer hij zich ergens ophoudt waar je geen takje verwacht, zoals tegen een raam of op de leuning van de buitentrap. Maar als je er eenmaal oog voor hebt, ontdek je ze overal. In Zuid-Frankrijk komen ze in groten getale voor.

Veel heeft deze houten klaas niet te duchten van de buitenwereld. Maar voor noodgevallen beschikt hij over twee klieren die een scherp ruikende en gemeen bijtende vloeistof in de richting van de belager kunnen spuiten. Afgezien van dit geheime wapen is hij een vreedzame, slome sul, die slechts op aarde schijnt te zijn om te eten. Zelf een tak, een wandelende tak, leeft hij op takken met groene bladeren waaraan hij zich 's nachts tegoed doet. Meer vreet het fantastisch lelijke monstertje niet uit. Het doet niet eens aan de liefde, een bezigheid waaraan de meeste andere insecten zich met graagte overgeven. Het vrouwtje klaart namelijk haar eigen klus. Het legt eitjes die door geen mannetje zijn bevrucht, maar niettemin levensvatbaar zijn. In geleerde taal heet dit opmerkelijke verschijnsel 'parthenogenetische voortplanting'. Het komt dus meer voor. Het behoeft geen nadere uitleg dat in de wereld van de wandelende takken mannetjes derhalve volstrekt overbodig zijn. Ze zijn er dan ook nauwelijks. Van veel van de bijna 2000 soorten wandelende takken bestaan zelfs helemaal geen mannelijke exemplaren. Bij sommige soorten ziet één enkel mannetje het levenslicht op pakweg 1000 vrouwtjes. Als liefde een belangrijke plaats zou innemen in de wereld van de vrouwelijke wandelende takken, zou zo'n houten bofkont de hemel op aarde aantreffen. Het tegendeel is echter waar: de vrouwtjes malen er niet om. Hetgeen de eenzame stakkerd trouwens volstrekt onberoerd laat. Wandelende takken vinden, denken en beleven namelijk helemaal niks. Er bestaat geen dommer en ziellozer schepsel dan die levende blokfluit, of het zou de lintworm of de dopluis moeten zijn.

Geen liefde en geen lust, geen plezier en geen droefenis gaan in ons takje om. Het lijkt een redeloos leven te leiden, waarin alle handelingen volledig automatisch worden uitgevoerd. Zelfs het op de wereld zetten van nageslacht geschiedt door het wijfje volstrekt emotieloos. Ze strooit de eitjes gewoon maar achteloos in het rond. Ze vallen uit haar lijf en tuimelen van blad naar blad tot ze de grond hebben bereikt om daar in het stof te blijven liggen totdat het voorjaar aanbreekt. Om de soort nog enige kans op verspreiding te geven, zodat niet alle wandelende takken van de wereld op één vierkante kilometer voorkomen, zijn de eitjes voorzien van een voor mieren zeer smakelijk dopje, wat teweeg brengt dat deze nijvere beestjes de eitjes van hot naar her slepen.

Overeenkomstig de kleur van takken, is de wandelende tak bruin, grijsbruin, groen of bleek geelwit. Hoe noordelijker – en dus hoe natter – het klimaat, hoe donkerder de wandelende takken zijn. Bij ons in het zuiden, waar de zon de takken bleekt tot zilvergrijsgroen, hebben ook de wandelende takken deze kleur. Als kleine kameleons beschikken ze bovendien over het vermogen 's nachts veel donkerder te kleuren dan overdag. Zo werkt de camouflage ook bij duisternis optimaal.

Zich volledig stilhouden en op iets lijken dat oneetbaar is, dat is de truc van de wandelende tak om te ontkomen aan zijn vijanden. Raar: dood lijken om te voorkomen dat je doodgaat.

40

Onze capitelle

De natuur is formidabel hier in de Gard, en het landschap uiterst gevarieerd. Dat kan wild zijn of bedwongen en gecultiveerd, er is hoog en er is laag, er is zonverbrande vegetatie naast beschaduwd groen, er zijn steden, dorpen en gehuchten en er is oud en nieuw. Variatie is er ook in de tijd: op het ritme van de seizoenen verandert de streek voortdurend van uiterlijk. In het voorjaar verkleurt de zachtgroene wereld tot het hoogblond van het graan, in de zomer is er het goudgeel van de zonnebloemen, de herfst steekt de regio in vuur en vlam en 's winters rusten de beige, oker- en siennakleurige akkers uit van de drie andere jaargetijden.

Maar altijd zijn er de rotsen en de stenen. Die vormen de basis van het landschap, het skelet. Stenen zijn ook het materiaal waaruit de typisch Zuid-Franse cultuur is opgebouwd. Van de beroemde prehistorische menhir bij Courbessac tot het gloednieuwe *Costières*-stadion – *à l'allure méditerranéenne* – in Nîmes, van de naar Spanje voerende Romeinse Via Domitia tot de Autoroute A9, van het *Maison Carré* naar de *Duché* in Uzès, en van de even befaamde als reusachtige *Pont du Gard* tot de *capitelle* op mijn eigen terrein: alles is van de stenen gemaakt die hier uit de grond of uit de bergen komen.

Het was voor ons een alleraardigste bijkomstigheid, die *capitelle*. We kochten het huis en de grond en kregen er zomaar, inclusief, gratis en voor niks en zonder bijkomende kosten en verplichtingen dat merkwaardige bouwsel bij. Het staat aan de westkant van ons terrein, met de rug naar de grijsblauwe Cévennen in de verte en met de ingang naar het oosten. Dat is voor een capitelle een gebruikelijke positie, hoewel je ze ook ziet met de opening naar het zuiden. De onze bestaat uit grote, naar boven toe kleiner wordende, afgeplatte stenen, die in cirkelvorm zijn opgestapeld tot in een punt bovenaan. Hij zou dus kegelvormig zijn, ware het niet dat het ding ooit eens is ingestort of gedeeltelijk afgebroken. Ik vermoed het laatste want naar mijn idee liggen er niet genoeg stenen in en rond het bouwwerkje om er een conische koepel uit op te bouwen. André, die jaarlijks onze weilanden maait, beweert dat hij iemand in Bourdic kent die specialist is op het gebied van capitelles en dat met diens hulp een mooie subsidie voor herstel los te peuteren is bij de *préfecture*.

In de Provence worden ze *bories* genoemd, deze wonderlijke hutten van steen. Er zijn er zo'n 3000 van, verspreid over de hele Midi. Ze staan alleen of in groepjes, die soms een compleet dorpje vormen, zoals bij Gordes in de Vaucluse. Maar het is een bouwvorm die niet exclusief is voor Zuid-Frankrijk. Soortgelijke stenen hutten komen we ook tegen op Sardinië, in Zuid-Italië en in Griekenland. Ook daar zijn de stenen los op elkaar gestapeld, zonder cement dus, en wel zodanig dat ze niet alleen in een spits toelopen maar ook schuin naar buiten aflopen om regenwater te beletten binnen te dringen. Het is een stapelwijze die heel vernuftig, heel moeilijk en heel oud is.

De eerste capitelles moeten al in de prehistorische ijzertijd gebouwd zijn en dat is zo doorgegaan tot in de achttiende eeuw. Ze werden natuurlijk opgetrokken uit stenen die direct in de buurt te vinden waren, waarbij een kolossaal langwerpig blok als latei boven de ingang dienst deed. Meestal was die ingang de enige opening, ofschoon er soms ook wel een paar stenen bovenaan werden weggelaten omwille van de ventilatie en als rookgat.

Dat er vuurtjes in werden gestookt ligt voor de hand. De capitelles deden namelijk dienst als schuilhut voor de herders, die met hun schapen een halfnomadisch bestaan leidden en van het ene schrale weidegebied naar het andere trokken. In koude nachten en vooral als bescherming tegen wolven en andere wilde beesten bewezen de bouwwerkjes hun nut. Maar ze werden eveneens gebruikt voor het opbergen van werktuigen, terwijl ze ook wel permanent werden bewoond, zelfs door complete gezinnen. Als de capitelle werkelijk een familie moest huisvesten, was hij natuurlijk groter. Hij had dan dikwijls een verdieping, een stenen vloer en een paar raampjes.

Onze capitelle is slechts een schuilhut geweest. Ofschoon de muren wel een meter dik zijn, kun je er niet languit in liggen. Je zou er een vuurtje in kunnen stoken en tegen de muur geleund een tukje kunnen doen en dat is alles. Daar zal de herder genoegen mee hebben moeten nemen, toen hij hier met zijn schapen of geiten door de ruige, zongeblakerde heuvels zwierf.

Nu is het er stil. De steeneiken ruisen in de wind, een smaragdgroene hagedis schiet ritselend weg voor de adder die tussen de witte steenblokken opduikt. In de lente zingt er de nachtegaal, in de zomer is er het concert van de cicaden, in de herfst weven de grote geel-met-zwarte 'argiopes' er hun webben, en in de winter is het er gewoon heel erg stil. Dat is het mooie hier: de afwisseling, het ritme van de seizoenen. De grote wet in de natuur is verandering. Alles verandert, niets vergaat. Zelfs stenen verbrokkelen, hoewel vele eerst plaveisel, beeldhouwwerk of capitelle worden voordat ze tot het leem uiteenvallen waarop het leven gedijt.

41

De vlindervogel

Opgeruimd staat netjes. Nederlanders vinden dat een belangrijk aspect van hun cultuur. Hun stukje land moet er schoon, fris en ordelijk bij liggen. Het gazon gemaaid, de coniferenhaag gesnoeid, het grind geharkt, de auto gewassen en het huis knap in de verf: zo zijn onze manieren. Het zijn echter beslist niet de manieren van de gemiddelde Fransman. Die bekijkt het doen en laten van de in zijn buurt neergestreken Nederlanders met gemengde gevoelens. Enerzijds heeft hij bewondering voor hun propere keurigheid, anderzijds kan hij er geen begrip voor opbrengen dat alles wordt opgeruimd of van de hand gedaan wat niet meteen gebruikt kan worden. Hij, de Fransman, heeft zijn erf volgepakt met verroeste auto's en caravanwrakken, met buizen en rollen draad, met bouwmaterialen en brandhout en ga zo maar door. Dat zijn de Franse manieren.

Rommel en wanorde tref je in Frankrijk overal aan in de buitenwijken van de steden, in de dorpen en op het platteland. De gewone Fransman voelt er zich prima bij. Wat dit betreft staat hij dichter bij de natuur dan wij. Dieren voelen zich immers ook het lekkerst in de ongeordende natuur. Natuur, waarin niets is opgeknapt, gezaagd, gesnoeid en gemaaid. En omdat ze in Nederland nog maar weinig van dit soort natuur kunnen vinden, hebben heel wat dieren Nederland gelaten voor wat het is. Net als veel Nederlanders zelf.

Maar het gaat toch zo goed met de Nederlandse flora en fauna? Ik hoor het u zeggen. O ja? Is dat zo? Waar zijn dan de wolf en de lynx en de wilde kat? Waar is de ortolaan? Waar zijn de kuifleeuwerik, de klapekster en de kwartelkoning? Waar is de hop? Ja, waar de hop is, dat weet ik wel! En dat weet u ook als u bij mij in de buurt woont of wel eens op vakantie gaat in Zuid-Frankrijk. Want daar is hij te vinden: in het mediterrane Frankrijk, in Spanje en in Italië. Daar vindt hij wat hij nodig heeft en dat is niet alleen de zon. Die schijnt zo langzamerhand ook in Nederland volop. Maar rommelhoekjes, oude boomgaarden, kleinschalig boerenland, akkertjes, bosjes, erfjes met mesthopen. Waar vind je die nog? Jawel, in het zuiden.

Het is een leuke, interessante en vooral mooie vogel, de hop. Een tovervogel. Een mysterie. Een vlindervogel. Inderdaad, net een grote vlinder als hij vliegt. De zwart-witbandering op de vleugels is eigenlijk te fors voor een vogel en doet denken aan de groot opgezette tekening van een vlindervleugel. Maar het is vooral de manier van vliegen die vlinderachtig is. De hop fladdert meer dan dat hij vliegt. Na een paar vleugelslagen stopt hij, totdat hij zoveel hoogte verliest dat hij de vleugels wel weer moet laten wapperen.

Vlindervogel, dat rijmt volstrekt niet met een heel ander aspect van de hop! Ik bedoel natuurlijk die rare, grote kuif. Die zet hij soms hoog op, zodat hij op een punker met hanenkam lijkt of op een indiaan. Maar meestal ligt die kuif plat naar achteren, in het verlengde van de snavel, alsof er van voren naar achteren een stok door het hoofd steekt. Desondanks een prachtig dier, de hop, maar wel behept met eigenschappen die minder fraai zijn: hij is vreselijk slordig en stinkt een uur in de wind. Deze onhebbelijkheden hebben hem allerlei onfrisse bijnamen bezorgd, zoals drekhaan en stinkhaan. Het zijn kwalificaties die hem ten onrechte aankleven. Ja, de hop stinkt, maar hij kan er niets aan doen. Vroeger dacht men dat hij er gewoon maar een zootje van maakte, van zijn nest met name. Dat de jonge hoppen vrolijk de nestholte vol poepten en dat de ouders daar schaamteloos aan meededen. Het is nog niet eens zo lang geleden dat men erachter kwam dat pa en ma het nest wel degelijk schoonhouden en dat de beruchte hoppenstank een heel andere oorsprong heeft dan onzindelijkheid. Ze is namelijk afkomstig uit een speciale klier bij zowel de jonge hopjes als de broedende en verzorgende vrouwtjes, die een dikke, afschuwelijk ruikende vloeistof produceert. Deze smerige stank moet katten, marters en andere nestrovers afschrikken en ik verzeker u dat het werkt.

Dat ze eigenlijk toch wel een beetje vies zijn, die hoppen, is onloochenbaar wanneer we er kennis van nemen dat de jonge vogels hun vijanden met poep beschieten, als dat zo uitkomt. Steekt een belager zijn hoofd door het vlieggat van de nestholte, dan brengen de kuikens meteen hun eigen opening in stelling om de vijand op goed gerichte schoten hoppenmest te trakteren. Fraai is het allemaal niet en je ziet het die mooie vogel beslist niet aan. Een rare snuiter eigenlijk. Neem nu die lange, iets gebogen snavel. Ook dat ding is in zichzelf weer tegenstrijdig. Zeker, de hop peutert er kevers en slakken mee tussen de stenen vandaan of weet er larven achter de boomschors mee te pakken te krijgen waar geen ander dier bij kan, maar er zit zo'n piepklein tongetje in dat hij nauwelijks kan slikken. Dus gooit de hop zijn prooidieren omhoog om ze in de keel op te vangen, zoals sommige uitslovers en feestgangers dat met pinda's doen. Nee, de hop is te bont en te gek voor het eenduidige, rechtlijnige, keurige Nederland. Hij hoort in het zuiden. Hij hoort bij mij.

42

Souvenir uit Holland

De hitte is geweldig, het zonlicht groots. Het is stil in de natuur. Vanochtend kwam het gebrom voorbij van een hoog passerend vliegtuigje, tegen tienen klonk de schaterlach van een specht en verder zweeg alles en iedereen. Zelfs de cicaden. Alleen de drie honden lieten zo nu en dan van zich horen: een diepe zucht, een krabbende poot, het onmiskenbare geluid van een lichaam dat zich omdraait in het zand. Zomer in het zuiden: roerloze rust, zinderende lucht, laaiende zon. De honden voelen zich er prima bij. De atmosfeer is hier immers droog en helder en vol kruidige geuren: fijn voor de neus. Het warme stof is heerlijk om in te rollebollen, er is schaduw onder de steeneiken en de vijgenbomen om lekker in te soezen, er is ruimte te over om te spelen en te rennen. Maar wat hun nog het meest bevalt is dat er hier nauwelijks teken zijn.

Wat hadden ze daar een last van in Nederland! In de vochtige, broeierige warmte van de Hollandse zomers krioelde het van die ellendige parasieten. Vooral onder de eikenbomen en in het hoge gras en struikgewas van de bossen en de velden temidden waarvan wij woonden. Ik heb met de verrekijker reeën geobserveerd, die bezaaid waren met teken en het onthutsende uiterlijk hadden van harige krentenbollen op pootjes. Elk van onze drie honden had iedere avond wel tien tot vijftien van die beestjes opgelopen. Wat voor ons drie keer tien minuten plukken betekende. Per dag een half uur teken trekken. Het mag een wonder heten dat ze er niet ziek van zijn geworden, want ook honden kunnen via teken besmet worden met de ziekte van Lyme. Daar kunnen ze, net als mensen, indien ze geen antibiotica toegediend krijgen, dood aan gaan. Ik weet waarover ik het heb: toen de artsen ontdekten dan mijn vader Lyme had, was hij al half verlamd en zeer ernstig ziek. Dat gebeurde in de jaren tachtig, toen Lyme nog vrijwel onbekend was. Na volgepropt te zijn met antibiotica wist mijn vader overeind te krabbelen en weer redelijk de oude te worden, totdat de ziekte A.L.S. hem een tiental jaren later voorgoed vloerde.

Onze verhuizing van het Nederlandse naar het Zuid-Franse platteland verliep rampzalig. Niet alleen raakte een aanzienlijk deel van onze bezittingen beschadigd of ging zelfs verloren door de volstrekte onverschilligheid en onvakkundigheid van het verhuisbedrijf, maar tot overmaat van ramp bleken we een ziekte mee verhuisd te hebben.

Net als bij kinderen is het in het geval van huisdieren soms moeilijk te beslissen of je een bepaalde maatregel moet nemen of nalaten. We hadden besloten de drie honden in onze eigen auto naar het zuiden te vervoeren, maar zagen ons wat dit betreft voor een dilemma geplaatst. Als we de dieren 'naturel' meenamen, zouden ze het onderweg beslist niet gemakkelijk krijgen: de zon was heet en de weg lang. Dienden we ze echter een kalmerend middel toe, dan zouden ze weliswaar gedurende de reis rustig blijven, maar als gevolg van hun verminderde bewustzijn misschien niet goed reageren op de hitte en het langdurige liggen. In overleg met de dierenarts kozen we toch voor het laatste. En ik verzeker u, dat hebben we geweten!

Achteraf bleek de door de dierenarts voorgeschreven dosering veel te hoog. Ze overschreed driemaal het maximaal toegestane. Al na een half uur rijden waren de honden volledig van de wereld en nog een uur later konden ze niet meer op hun poten staan. Toen we ze bij een parkeerplaats wilden uitlaten, was het net of we drie stuks bagage uitlaadden en op de grond zetten. Hun ogen waren bloeddoorlopen en hun huid zakte steeds verder van hun snoeten af, zodat ze uiteindelijk nauwelijks nog konden kijken. Van de chocoladekleurige labrador zaten de ooggaatjes op z'n minst vijf centimeter onder de ogen, hing de huid van de snuit, met daar bovenop de 'neusdop', als een slurf over de bovenkaak, terwijl de onderlip en kin als een baard onderaan de kop bungelden.

Toen we na heel veel vijven en zessen ten slotte in ons nieuwe huis waren gearriveerd, herstelden de witte labrador en de herder zich redelijk snel. De chocoladekleurige labrador echter niet. Op de ochtend na aankomst was haar vel zo mogelijk nog verder verzakt en toen we haar wat beweging wilden geven, ging ze door haar poten. Ze hijgde en pufte en haar tong hing wel twee decimeter uit de lappen, plooien en vouwen waarin haar gezicht zich had veranderd.

Plotsklaps begon ze luid te janken. Er moest ogenblikkelijk actie ondernomen worden. We pakten haar kordaat op, legden haar plat in de auto – zoals je dat met een groot speelgoedbeest doet – en brachten haar naar de dierenarts. Na een uitgebreid onderzoek concludeerde deze dat de hond aan de ziekte van Lyme leed en druk bezig was het laatste loodje te leggen. De overdosis aan kalmeringstabletten was haar bijna fataal geworden. Slechts een supershot antibioticum kon haar nog redden en gelukkig bleek dit goed uit te pakken. ‘De ziekte moet zijn overgebracht door een Nederlandse teek’, zei de dierenarts, na het verhaal van de desastreuze verhuizing te hebben aangehoord, en hij voegde daaraan toe: ‘Souvenir uit Holland’.

43

Bleu des collines

'De adem van de zomer', 'de kleur van de Provence': zo wordt lavendel door dichters bezongen. Lavendel, dat is inderdaad kleur en geur. Wat kleur betreft heeft ze veel aspecten: allerlei verschuivingen binnen een spectrum tussen bleekblauw en diep violet, al naar gelang de wind en het licht met de bloemaartjes spelen. Maar de geur, die is eenduidig en overduidelijk. Die geur vult de Zuid-Franse zomer, een aroma dat door zijn frisheid legendarisch is en ervoor gezorgd heeft dat het struikje al sinds mensenheugenis voor allerlei doeleinden wordt gebruikt.

Lavendel ontleent haar naam aan het Latijnse woord 'lavare' dat 'wassen' betekent. Zowel de Grieken als de Romeinen gebruikten haar als badkruid. In de dagen van Augustus en Nero gaf men zich graag over aan de kalmerende werking van een dampend bad waaruit een bijna bedwelmende lavendelgeur opsteeg. Maar nog veel eerder in de geschiedenis pasten de oude Egyptenaren lavendel al op een heel andere wijze toe. Samen met basilicum, hysop, majoraan, melisse, tijm en rozemarijn werd het kruid vanwege het hoge gehalte aan etherische olie met name gebruikt bij het balsemen van de lichamen van farao's en andere hoogwaardigheidsbekleders.

Het was de Griekse schrijver Dioscorides die als eerste melding maakte van de medicinale kwaliteiten van lavendel en het is bekend dat de Romeinen de plant gebruikten om wonden mee te desinfecteren. Karren vol lavendel reden mee in de legertros van de legioenen, en al vechtend en veroverend verspreidden de Romeinen zodoende het gebruik ervan over grote delen van hun gestaag groeiende rijk. Olie-extract uit lavendel heeft inderdaad een uitzonderlijk sterke antiseptische werking. Alleen al door toepassing van een geringe hoeveelheid schijnen difteriebacteriën, tyfusbacillen, streptokokken, pneumokokken en zelfs tuberkelbacillen gedood te worden. In de middeleeuwen ontdekten handschoenmakers in de nu wereldberoemde parfumstad Grasse dat de toepassing van lavendelolie bij het soepel maken van het leer hen minder vatbaar maakte voor de zo gevreesde en alom tegenwoordige pest. In datzelfde Zuid-Frankrijk wrijven de plattelandsbewoners nog altijd hun honden onmiddellijk in met een handvol geplukte en fijngewreven lavendelbloemen wanneer de dieren door een adder zijn gebeten.

Lavendel is de basis van veel legendarische parfums, maar wordt bovendien tot op de dag van vandaag ook nog als middel tegen allerlei kwalen gebruikt. Zo heeft ze naast desinfecterende ook kalmerende en pijnstillende eigenschappen. Daarbij zou ze bloeddruken koortsverlagend zijn en een probaat middel vormen tegen darmstoornissen. Verder geldt ze vanouds als mottenverdrijvend. Gedroogde lavendelbloempjes worden, in kleine zakjes genaaid, nog steeds overal aangeboden om linnenkasten, kledingkasten en dekenkisten fris en vrij van schadelijke insecten te houden.

Er moet onderscheid gemaakt worden tussen *lavande* en *lavandin. Lavande* werd tot in het begin van de twintigste eeuw in wilde staat geoogst in de zuidelijke Alpen en de hoge Provence, voordat de grootschalige verbouw ervan op gang kwam. De soort die nu in de Provence wordt gekweekt, is een kruising van de smalbladige en de breedbladige lavendel: de zogenaamde *lavandin.* Ook in de Ardèche, de Drôme en de Gard wordt deze *bleu des collines* – het blauw van de heuvels – verbouwd, die weliswaar veel meer olie oplevert dan de echte lavendel, maar van mindere kwaliteit is. Overal, zowel in de Provence als in de andere lavendelgebieden, worden de planten in hun geheel gekookt en daarna uitgeperst om er de olie uit te verkrijgen. Tijdens de oogst is de lucht van het destillaat zo allesoverheersend en doordringend dat zowel het platteland als ook de dorpen en de steden ervan vergeven zijn. Alles en iedereen ruikt dan naar deodorant, badzout, badolie, zeep en toiletpoeder. Dat gaat iedereen al heel vlug erg tegenstaan. In die dagen walgen dan alleen nectarminnende insecten er niet van. Want dat zijn we nog vergeten, dat lavendel tal van insecten aantrekt, vooral bijen. In Zuid-Frankrijk wordt ze dan ook niet uitsluitend met het oog op de olie gekweekt, maar ook vanwege de honing. Een lavendelveld gonst van de bedrijvigheid, niettegenstaande de overbekende rustgevende en slaapverwekkende kwaliteiten van de plantjes. Een lavendeltakje in het hoofdkussen en je droomt, zoals de dichter Sully Prudhomme zo poëtisch zei, van zomers die altijd duren.

44

De stemmen van het zuiden

Halverwege Lyon en Orange begint de Midi, het Franse zuiden. De grens is daar waar de eerste cicaden van zich laten horen. Ben je die gepasseerd, dan word je tot aan het blauwe water van de Middellandse Zee onafgebroken en van alle kanten bestookt door het gekras en geschraap dat door de *cigales* ten beste wordt gegeven. Het is werkelijk oorverdovend. Het klinkt alsof een heel leger houtbewerkers en metaalarbeiders druk bezig is met schuren, slijpen en zagen. Het kabaal dat ze met z'n allen teweegbrengen is dermate alomtegenwoordig dat het je na korte tijd niet eens meer opvalt, zoals je ook meestal de stilte niet hoort. Pas wanneer de schreeuwlelijken hun 'mond' houden besef je wat een gekrijs dat was, zojuist.

De *cigale* is als het ware een levend instrument. Net als bij een viool of een piano staat alles in zijn lijf ten dienste van de geluidsproductie. Vitale organen zijn tot een minimum gereduceerd en zorgvuldig weggestopt in de verste uithoekjes. Zoals ieder muziekinstrument hol is, zo bestaat ook de cicade bijna helemaal uit klankkast. Het kabaal wordt geproduceerd door twee strakgespannen trommelvellen, die natuurlijk niet in trilling worden gebracht door stokjes, maar door een sterke spier die de membranen onafgebroken in beweging houdt. Dat is dus een volstrekt andere wijze van musiceren dan sprinkhanen en krekels er op nahouden. Die gebruiken de poten of de vleugels als strijkstok en snaar. Cicaden daarentegen roeren de trom. Rondom de trommels bevinden zich in de lichaamsholte een groot aantal vliezen die dienst doen als klankversterkers. Door de open ruimten gedeeltelijk af te sluiten moduleren de cicaden de klank en de sterkte van het geluid. Als resonantieorgaan voor de klankapparatuur functioneert bovendien nog een luchtkamer, die de rest van het achterlijf in beslag neemt.

Cicaden moeten uiteraard ook eten. Dat is hun tweede belangrijke bezigheid, ofschoon ze beide activiteiten graag en gemakkelijk combineren. Ze beschikken daartoe over een uitzonderlijk krachtige zuigsnuit waarmee boomsappen worden afgetapt. Zelfs bij de grootste hitte en droogte weet deze zuigboor door te dringen tot de sapstroom, hoe diep deze ook ligt. Zoveel sap wordt dan opgepompt dat de hele omgeving van de bron vaak kletsnat wordt. Op deze overvloed komen van heide en verre legioenen mieren af. En wespen, vliegen en kevers. De drukte kan zo groot worden dat de cicade het benauwd krijgt en besluit elders een nieuwe bron aan te boren. Want hij heeft het beslist niet op vreemden begrepen.

Je krijgt er dan ook zelden een te zien. Hoewel het ervan vergeven is, komt men vrijwel nooit oog in oog te staan met zo'n muzikant. In de eerste plaats niet vanwege zijn kleur, die dezelfde is als die van de gemiddelde boomschors. Maar verder niet omdat de *cigale* een gewiekste jongen is. Hij ziet ons al vanuit de verte. Ogenblikkelijk legt hij dan zijn trommels het zwijgen op. Daarna klautert hij bliksemsnel naar de andere kant van de tak of de stam. Naderen we te dicht, dan gaat hij er op lange, sterke vleugels in een sierlijke, snelle boog vandoor. Zo gauw wij hem de rug hebben toegekeerd, zet hij zich weer aan het schrapen en krassen.

Van zijn ogen moet hij het hebben, de cicade, om de simpele reden dat hij doof is. Dat is natuurlijk bijzonder merkwaardig. Cicaden maken de hele dag door een ongelofelijke herrie, maar horen daar zelf niets van! De vrouwtjes zijn bovendien nog stom ook. Het zijn alleen de mannetjes die krassen en schrapen. Omdat beide geslachten zo doof zijn als een kwartel kan als verklaring voor het kabaal dus niet worden aangevoerd dat het bedoeld is om wijfjes mee te lokken, zoals bij vele andere diersoorten het geval is. Ook voor hun eigen plezier doen de mannetjes het niet. Het lijkt er dus op dat er aan één stuk door geweldig veel kabaal gemaakt wordt voor niets en voor niemand. Dat het slechts een nutteloze gril van de natuur is. Maar dat kan uiteraard niet: zo zit de natuur niet in elkaar.

Er zullen altijd meer raadselen dan oplossingen zijn, meer vragen dan antwoorden. Misschien is het krassen van de cicaden slechts een bijverschijnsel van een door ons niet waar te nemen en dus onbekende wijze van communiceren. Misschien zijn wij wel doof voor hun verfijnde samenspraak, zoals zij onze taal niet verstaan. Wellicht bevat hun gekras signalen die belangrijke en wijze mededelingen doorgeven, maar door ons, communicatief gehandicapten, niet worden begrepen. Arme *cigales*: roependen in de woestijn!

45

Van Gogh in Bourdic

Helemaal achter in de stille en prille dag begint een klein geluid te klinken. Het is nauwelijks merkbaar, maar niettemin irritant, zoals een kriebel in de keel. Aanzwellend verandert het in een gedempt kuchen en hoesten. Echt gebulder wordt het wanneer de trekker op het zandpad verschijnt, de bocht bij de brievenbus neemt en het veld voor het huis opdraait. Daar verheft de erachter hobbelende maaimachine ineens zijn eigen rauwe stem. Luid gillend slaat hij zijn klauwen uit om woedend in het hoge gras te gaan graaien. Met oorverdovende knallen worden er keien uit het veld gemept. Zand en graspollen vliegen in het rond. Ik sta onthutst voor het slaapkamerraam. Het is nog geen half zeven in de ochtend.

Het is niet Vincent zelf die op de trekker zit, maar zijn broer André. Terwijl het toch Vincent was die een paar maanden geleden aanbelde. Of er dit seizoen nog gemaaid moest worden? Vanzelfsprekend, vonden wij, maar dan moest het wel anders gaan dan het jaar ervoor! Hoeveel zaterdagen hadden we toen niet op hem zitten wachten? 'Half zeven', dat was wat hij steevast toezegde, 'zaterdagmorgen om halfzeven ben ik er.' Of wij dan al op waren? Tuurlijk, Vincent. En daar vertrouwden wij dus maar op, op die afspraak. Toen nog wel.

We kenden Frankrijk in het algemeen en Vincent in het bijzonder nog niet goed genoeg in die dagen. Zeggen dat je komt betekent hier maar al te vaak het tegenovergestelde. Om half zeven 's ochtends hadden we onze tweede kop koffie al op. En maar wachten. Vroegen we hem naderhand waarom hij niet was komen opdagen, dan bleek het de ene keer te droog te zijn geweest en de andere keer te nat. In het eerste geval zou de maaimachine vonken van de keien slaan zodat het gras in brand vloog en had het geregend, dan was de grond te zacht voor de trekker. Allemaal heel begrijpelijk, Vincent, maar waarom dan niet even opgebeld, zodat we niet zo vroeg uit de veren hoefden? Zelfs door de telefoon hoorde je hem dan z'n schouders ophalen. Wij zagen toch zelf ook wel dat het gras te droog of de grond te nat was? Daar hoefde hij toch niet voor op te bellen? Toen het gras manshoog was en zo geel en dor als stro, was Vincent ineens onaangekondigd komen opdraven. De hele ochtend reed hij op zijn oude gehavende en luidruchtige trekker heen en weer, maar voor het laatste weiland had hij, in verband met een andere afspraak, geen tijd meer. Dat liet hij over aan broer André.

Dat was vorig jaar. Dit jaar moest hij André de hele klus toevertrouwen. Om ons daarvan op de hoogte te stellen, maar ook om een verklaring te geven voor het feit dat hij weken geleden op de afgesproken maaidag alweer niet was komen opdagen, kwam hij speciaal uit het dorp naar ons toe. Hij zag er deerniswekkend uit. Zijn hoofd was rood en gezwollen en de rechterkant ervan was met wit verband omzwachteld.

'Ik kon niet komen', verklaarde hij, 'want ik heb een infectie opgelopen.'

'Ja', zei ik, 'dat ziet er niet best uit'. Waarop hij op bedroefde toon vertelde dat hij in het ziekenhuis geopereerd was. In Nîmes. Het was heel erg geweest. De pijn was verschrikkelijk en hij had een hele poos niet kunnen bewegen. Wij konden er vast wel begrip voor opbrengen dat niet hijzelf maar broer André dus zou komen maaien. Het mocht duidelijk zijn dat hij het natuurlijk veel liever zelf had gedaan, want wij waren zijn klanten, maar het kon niet langer wachten, dat gras. Vandaag of morgen zouden we een groot probleem hebben. En er was altijd wel een idioot die de boel in brand wilde steken. Wij vonden het oké en wensten hem sterkte, Vincent.

Afgelopen zaterdag was het dus zo ver. Geheel onverwacht begon broer André de velden te maaien, ondanks dat het al weken kurkdroog was en het ook die dag gloeiend heet beloofde te worden. Het argument van de keien, de maaibladen, de vonken en de brand gold blijkbaar niet meer. Voor ons geen probleem: met iedere baan die de maaimachine trok nam het brandgevaar immers af. Ze boden een veilige en geruststellende aanblik, die kortgeschoren gele vlaktes vol witte keien. Wat we wel jammer vonden was dat op slag alle vlinders verdwenen waren. Dat vond André ook. 'Maar', zei hij, '*il faut le faire*': het moest gebeuren, het maaien.

Toen we toch aan de praat waren, vroeg ik hem naar de toestand van zijn broer. Ja, dat was erg geweest, vertelde hij. Zijn hoofd had er uitgezien als een meloen. Zo'n Halloween-meloen, lichtte hij toe. En zo rood als een kreeft. Wat er de oorzaak van was? Nou, Vincent z'n hobby was tekenen. En toen hij op een avond in de struiken zat te krabbelen, werd hij gebeten door een spin. Nee, nee, geen wesp... een spin!

'In z'n oor?' vroeg ik.

'Nee, nee', riep hij, 'in de wang. Door een spin.' Sommige spinnen hier steken nog veel venijniger dan hoornaars. Van een hoornaar-steek krijg je een flinke bult en een boel jeuk, maar spinnen kunnen je een ernstige infectie bezorgen! Ja, hij had zelfs nog een poosje in het ziekenhuis gelegen, Vincent. Vreselijk! Maar zo langzamerhand werd hij weer de oude. Hij had zelfs alweer getekend!

Vanochtend wandel ik een beetje met de honden rond als een geluid me achterop komt. Aanvankelijk zacht, maar al vlug stampend en snerpend. Een kleine trekker nadert met grote snelheid over de rotsige zandweg. Aan beide zijden van het rare, smalle ding zitten twee reusachtige borstels, waarvan het nut me volstrekt onduidelijk is. Vincent steekt hoog boven de trekker uit, het hoofd aan één kant wit omzwachteld. 'Bonjour', roept hij, vrolijk zwaaiend. Hij passeert en verdwijnt om de bocht. Ik kijk hem na, de Van Gogh van Bourdic.

46

Nîmes-Parijs

De TGV lijkt van zilver zoals hij het station nadert. Je zou een zacht zoemen of hooguit rustig brommen verwachten, maar de prachtige aërodynamische trein zet het op een hysterisch gillen wanneer hij tot stilstand komt. Door de handen tegen de oren te drukken tracht je te voorkomen dat het verschrikkelijke gekrijs je trommelvliezen aan flarden snijdt. Ook bij het verlaten van het station klinkt een snel harder en hoger wordend gefluit, maar dat komt, zo weet een van mijn medepassagiers te vertellen, doordat de trein de lucht steeds sneller doorklieft. Daar merk ik aanvankelijk niets van. Buiten Nîmes lijkt de beroemde TGV een hele poos in een onnozel sukkeldrafje noordwaarts te sukkelen. 'Maar', zo beweert dezelfde medereiziger, 'hij gaat al minstens 180 kilometer per uur.'

Er is een groot verschil tussen 180 en 300 kilometer. De trein accelereert ineens, zoals een vliegtuig dat doet. Het prachtige, zuidelijke landschap slaat op hol. Het begint te dansen, te golven, te botsen en te draaien. Zonovergoten Van-Goghvalleien vol zonnebloemen flitsen voorbij. Heuvels vol bossen en rotsen zwaaien plotseling de lucht in om meteen weer hals over kop de diepte in te tuimelen. Alleen de strakblauwe hemel is onbeweeglijk en onveranderlijk.

Van Nîmes naar Parijs in nog geen drie uur! De spoorlijn die dit mogelijk maakt is met de grootste zorgvuldigheid aangelegd, met subliem uitgebalanceerde bochten en tot op de millimeter precieze baanvakken. De TGV kan er op voortdurende topsnelheid overheen razen. Seinen en instructieborden ontbreken: alle signalering is gecomputeriseerd. Het zijn de rails zelf die de nodige informatie van het baanvak doorgeven aan de boordcomputer, die ogenblikkelijk meldt als er met de trein of het spoor iets mis is en dan meteen aangeeft hoe het probleem moet worden opgelost. Feitelijk is niet de futuristische trein, maar zijn de rails het geheim van het hogesnelheidsnetwerk. Er zijn geen overwegen of gelijkvloerse kruisingen, er zijn geen vervelende wissels en zelfs geen houten bielzen. Staal, beton en een boel elektronica, dat is het Franse equivalent van wat de Nederlandse HSL zou moeten zijn.

Boven Valence wordt het landschap vlakker en groener. Het is minder ruig en rommelig en vooral minder schilderachtig. De gelijkvormigheid brengt met zich mee dat de snelheid geringer lijkt. Akkers en velden draaien een stuk rustiger om hun onzichtbare spil op de horizon voorbij: hier zie je wat in de perspectiefleer met verdwijnpunten bedoeld wordt. Het is deze zacht golvende uitgestrektheid die het eigenlijke Frankrijk vormt. Een reusachtig, agrarisch land, een land van boeren, een land waar tachtig procent van alle gemeenten minder dan 1000 inwoners heeft! Een land dus vol boerenproblematiek, een platteland dat te kampen heeft met een angstaanjagend snel toenemende vergrijzing en ontvolking.

De *Train à Grande Vitesse* gaat inmiddels een dikke 300 kilometer per uur, drie keer zo snel als een gewone trein. Pas als je langs een *autoroute* raast weet je hoe formidabel die snelheid is. De auto's die gepasseerd worden, maken de indruk dat ze kruipen, ofschoon ook zij zo'n 130 kilometer per uur rijden. Het best valt de snelheid echter aan de wolken af te lezen. De dichtstbijzijnde schuiven vliegensvlug onder de hogere langs, zoals je dat ook vanuit een vliegtuig ziet of in versnelde fragmenten van dramatische documentaires.

Ook tijdens het begin van de terugreis waren er nogal wat passagiers die met spanning op de veelbesproken en beloofde snelheid zaten te wachten. De trein had er echter niet veel zin in, net zoals dit het geval was geweest bij het verlaten van Nîmes. Met een bedaard gangetje ging het van Amsterdam naar Brussel. De teleurgestelde reizigers trachtten elkaar en zichzelf verklaringen te geven voor het suffe gedrag van de legendarische snelheidsduivel. 'Er zijn te veel stationnetjes waar hij moet stoppen', zei de een, terwijl een ander beweerde dat er wel degelijk heel hard werd gereden maar dat je dat niet merkte, 'net als in een vliegtuig'. Op zeker moment zat iedereen in de coupé door elkaar heen te praten en hiermee zijn we beland bij een opvallend verschil tussen het traject Nîmes-Parijs en dat van Parijs naar Amsterdam en vice-versa.

Tussen Nîmes en Parijs was het zowel op de heen- als op de terugweg opvallend rustig in de niettemin overvolle trein. Er werd bedaard gepraat, men las kranten en tijdschriften. Geen gesmoorde maar niettemin overal duidelijk hoorbare hiphop uit discmans, geen druk en luidruchtig geklets en gelukkig ook niet het onafgebroken eten en drinken dat het noordelijke traject, vooral in Nederland, tot een regelrechte bezoeking maakt. En wat vooral opviel was het uitblijven van het gejengel van mobieltjes. Boven de zitplaatsen van de TGV zijn stickers geplakt met daarop de afbeelding van een slapende *portable*. Niet aanzetten dus! En dus geen oproepsignalen, geen plotseling Vivaldi-concert of onverwacht koeiengeloei: niets wat je aan het schrikken maakt of uit je humeur brengt. In de TGV heerst beschaafde rust.

Wanneer je in Amsterdam bent ingestapt of na de overstap in Parijs – van *Gare de Lyon* naar *Gard du Nord* – is de sfeer totaal anders. In de rode Thalys die de weg van de zilveren TGV begint of vervolgt, is het veel drukker en onrustiger. De trein loopt steeds meer vol met jongeren, er wordt gegeten en gedronken, geschreeuwd en herrie gemaakt. De trein zelf daarentegen doet het, zoals gezegd, kalm aan. Met 320 kilometer per uur onderneemt hij weliswaar nog een sprint op de baan Parijs-Brussel, maar op weg naar het noorden lijkt de accu boven Brussel-Zuid leeg. Bedaard boemelt de Thalys dan van stationnetje naar stationnetje. Schooljeugd, forensen en dagjesmensen stappen in en stappen uit. Het is een gewone Nederlandse trein geworden in het gewone Nederlandse landschap.

Dat gaat veranderen, zo wordt beloofd. Zodra de hogesnelheidslijn in Nederland klaar is, zullen jaarlijks 13 miljoen reizigers van Amsterdam naar Parijs treinen. Per bliksemsnelle TGV. Zes miljoen euro heeft dat hoogstandje inmiddels al gekost. Dat hebben de Nederlanders er voor over om heel vaak heel snel in Frankrijk te zijn!

47

Vakantieziekten

Zalig, die zoele zomeravonden van het zuiden. De hitte van de dag heeft plaatsgemaakt voor de zacht bedwelmende, zoete geur van nectar en als de luidruchtige cicaden er eindelijk het zwijgen toe doen wordt de duisternis heel stil, en even later nog stiller door het kleine getsjirp van krekels. Alweer gaat een magische, romantische nacht beginnen. Zo denken wij erover, maar voor onze honden zijn deze warme, windstille nachten vol gevaar. Want er zijn vampiers in de lucht: gevleugelde monstertjes die het voorzien hebben op hondenbloed en er bovendien op uit zijn hun slachtoffers te besmetten met de meest vreselijke ziektes.

Deze bloedzuigers zijn kleine muggen die tot de zogenoemde zandvliegen behoren en *phlébotomes* worden genoemd. Ze komen zeer talrijk voor in alle landelijke gebieden, tuinen en parken rond de Middellandse Zee. Hun seizoen begint in mei en eindigt in september of oktober. Tijdens nachten waarin het kwik niet onder de zestien graden zakt, vliegen ze van de avondschemering tot het ochtendgloren rond om nectar, plantensap of honingdauw van bladluizen op te zuigen. Voor zowel mannetjes als vrouwtjes vormt suiker namelijk de brandstof voor het levensvlammetje. Maar daar hebben de dames niet voldoende aan wanneer er moet worden voortgeplant. Net als bij gewone steekmuggen dient een stevige bloedmaaltijd voor de eiwitten te zorgen die onontbeerlijk zijn voor de aanmaak van eitjes. Zulke vrouwtjes zoeken dus warmbloedige dieren op om te steken. Dat zijn meestal zoogdieren, waaronder de mens. Wij merken er niet zoveel van, maar het kan lelijk aflopen voor honden, de dieren waarvoor phlébotomen duidelijk een voorkeur hebben.

Om bloed te zuigen steken muggen een soort bajonet annex zuigbuis door de huid van hun slachtoffer om een bloedvaatje aan te kunnen boren. Omdat bloed snel stolt, vloeit er uit het steekinstrument een kleine hoeveelheid speekselachtige vloeistof die stolling voorkomt. Het is dit goedje dat het bekende jeukende bultje veroorzaakt. Bij veel muggen blijft het hier echter niet bij. In het speeksel krioelt het namelijk van micro-organismen en de kiemen daarvan, waaronder vele die ziekten kunnen veroorzaken. Phlébotomen dragen dikwijls de kiemen van een micro-organisme met zich mee dat leishmaniasis veroorzaakt. Soms blijft de door de besmetting teweeggebrachte infectie beperkt tot de huid van de hond, maar vaak gaat de parasiet ook inwendig flink te keer. Allerlei organen kunnen daarbij onherstelbaar worden aangetast, hetgeen niet te genezen valt, zodat de ziekte uiteindelijk tot de dood van het slachtoffer zal leiden.

De symptomen manifesteren zich bij gestoken honden in het algemeen vanaf een maand of drie na de besmetting. Dat kan in sommige gevallen zelfs pas na twee à drie jaar gebeuren. De belangrijkste zijn: algehele vermagering, uitdroging van de huid, roos en verlies van de vacht, met name rond de ogen, verder neusbloedingen, oogaandoeningen en vooral abnormale groei van de nagels. Ze komen vrijwel nooit allemaal voor en zeker niet allemaal gelijktijdig.

De gebieden rond de Middellandse Zee herbergen het grootste gevaar voor besmetting met leishmaniasis. Dit geldt ook voor twee andere ziekten die eveneens dodelijk kunnen zijn voor honden. In de eerste plaats is dat de zogenoemde hartworm. Dit is een rondworm, waarvan de larven eveneens worden overgebracht door muggen. Deze larven zijn zeer reislustig en vestigen zich na kriskrasomzwervingen door het hondenlijf bij voorkeur in het hart of in de longslagader. Een embolie of een infarct treedt dan gemakkelijk op, aangezien de worm tot een lengte van 30 centimeter kan uitgroeien. In de Franse Rhône-delta is bijna 70 procent van de honden besmet met hartworm en voor de Po-vlakte in Italië ligt dit getal nog hoger. Maar ook in Spanje en op de Canarische Eilanden is het risico op besmetting zeer groot.

Babesia ten slotte is een parasiet die door teken wordt overgebracht, waarna ze doordringt tot in de rode bloedcellen. Dit leidt tot verval van deze cellen. De besmette hond wordt lusteloos en heeft koorts. Uiteindelijk kunnen de lever en de milt worden aangetast en kan ook deze ziekte (babesiosis) tot hetzelfde trieste einde leiden als de andere twee. Veel kun je er niet tegen doen als je in een mediterraan gebied woont of er met je hond op vakantie bent. Een krachtig werkende antiparasietenhalsband is nog het meest effectief en ter bestrijding van de hartworm zijn tabletjes te verkrijgen die tevens bescherming bieden tegen vlooien, spoelwormen en diverse mijten.

48

De kus

Ik vond het nogal merkwaardig dat de metselaar mij ter begroeting de pols van zijn rechterhand aanbood. Dat had ik nog nooit meegemaakt. Blijkbaar wilde hij mij het drukken van zijn vuile hand besparen. Eigenlijk was het dus een bijzonder keurig gebaar. En heel normaal, zo ondervond ik in de loop van de tijd toen ik tijdens de verbouwing van ons huis vele polsen toegestoken kreeg. Toch had ik er aanvankelijk een klein beetje moeite mee. De pols van een ander omvatten heeft iets intiems, iets ongewenst intiems. Ik was als Nederlander niet gewend om van een vreemde een ander lichaamsdeel vast te pakken dan alleen de hand. Zo zijn onze manieren niet. Maar zo zijn ze inmiddels wel geworden: ik heb me deze wijze van het begroeten van werklui eigengemaakt.

Mensen die geen vuile handen hebben geef je ook in Frankrijk natuurlijk gewoon een hand. Fransen schudden graag handen. Als ze 's ochtends vroeg hun kopje koffie komen halen in het stamcafé worden er een boel handen geschud. Arriveren ze op hun werk, dan krijgt ook iedereen een hand. Zo gaat dat de hele dag door. Wat beslist niet wil zeggen dat het klakkeloos gebeurt. Het handen geven kent regels en codes. Kom je bijvoorbeeld een winkel, een café of een restaurant binnen waar je jezelf al aardig thuis voelt, dan loop je toch niet zomaar met uitgestoken hand op de *patron* of het personeel af. Zoiets wordt absoluut niet op prijs gesteld, omdat het de gastheer, de waard of de winkelier zelf is die bepaalt welke klant een hand waardig is. Het is immers zijn domein, waar híj de baas is.

Wie de baas is, is in Frankrijk van het allergrootste belang. Daarom probeert iedereen de baas te spelen. Vooral mannen – maar ook wel vrouwen – trachten overal dominant te zijn. Met die sociale status heeft ook het handen schudden veel van doen. Een sociaal hoger geplaatste besluit zelf of hij een lagere een hand wil geven of niet. Daarom is het als mindere zeer ongepast om een meerdere zomaar de hand te reiken. In principe is het spontane lichamelijke contact alleen maar voor gelijken weggelegd. Maar zelfs daarin vallen verschillen te ontdekken. De ene handdruk is de andere niet. Van werklui, leveranciers en oppervlakkige kennissen pak je maar eventjes snel de hand, terwijl het oogcontact vrijwel nihil is. Vrienden en familieleden krijgen een vastere en langduriger handdruk en worden fermer in de ogen gekeken.

Wat dit laatste aspect van het handen geven betreft, is er weinig verschil met de codes van andere landen. Dit geldt in principe ook voor *la bise*, de befaamde Franse begroetings- en afscheidskus. Deze vormt het ceremonieel bij het openbare contact tussen mannen en vrouwen, alsmede bij dat van vrouwen onderling. Met nadruk op het woord 'openbaar', aangezien er natuurlijk alleen gekust mag worden bij ontmoetingen of bijvoorbeeld als dank voor een cadeautje, en dan nog bij voorkeur alleen in het bijzijn van anderen. Elkaar zomaar pardoes zonder algemeen geaccepteerde aanleiding kussen in de keuken of in de gang is uit den boze en dat is al helemaal fout wanneer de kussers alleen zijn.

La bise bestaat uit meestal drie wangkussen. Dit lijfelijke contact luistert naar zeer scherpe wetten. Heb je de wangkus eenmaal toegepast ter begroeting, dan is er geen weg meer terug. Door de kus heb je duidelijk gemaakt dat je de ander als gelijkwaardig beschouwt en zou je hem of haar daarna die kus weigeren, dan houdt dat een grove belediging in. Na elkaar het privilege van het kussen te hebben verleend, is er geen herkansing, ook al ervaart een van beiden de begroeting als onplezierig of zelfs als een – weliswaar getolereerde – vorm van ongewenste intimiteit. Wie deze gevoelens niet kan of niet wil onderdrukken, zal ze echter – bewust of onbewust – niet onder stoelen of banken steken. Met name vrouwen schromen er niet voor om een ander het achterhoofd aan te bieden in plaats van de wang.

Maar er zijn er ook die de mond gevaarlijk dichtbij laten komen. Een halve centimeter maakt al een wereld van verschil. Contact met iets anders dan alleen de wang doet de ander ogenblikkelijk terugdeinzen. Of toehappen natuurlijk. Zelfs het zachtjes aanstoten van brillen is voor kussende brildragers dikwijls al een bruggetje te ver. Om dergelijke minimale ontsporinkjes te vermijden, beperken veel mensen zich ertoe de gezichten een ogenblik slechts vlak bij elkaar te brengen, zonder dat er feitelijk aanraking tot stand komt.

Ga dus in Frankrijk heel zorgvuldig met dit soort etiquette om. Maar zelfs dan kun je zomaar de mist ingaan. Zoals een Nederlandse vriendin van ons overkwam, die zeer beschaafd en keurig is, maar het Frans nog niet helemaal meester. Ze vroeg na afloop van een diner heel netjes aan een deftige, oudere Franse heer of ze hem een afscheidskusje mocht geven, maar gebruikte het woord *baise* in plaats van *bise*. Hij vertrok geen spier, die Franse heer. 'Graag', zei hij.

Slaat u daar het woordenboek maar eens op na.

49

La canicule

'*Encore au moins une semaine d'épreuve*', kopt de krant. Volgens de weerkundigen zal de *canicule* – de hittegolf – pas half augustus voorbij zijn. Inmiddels geeft de thermometer al wekenlang temperaturen aan tussen de 35 en de 42 graden. Van de hitte kan slechts worden gezegd dat ze kolossaal is. Compact haast. Je hebt het gevoel dat je je er moeizaam een weg door moet banen. De zon schijnt de hemel geheel te vullen. Het licht is overweldigend en alomtegenwoordig. Zelfs in de schaduw verbrand je. Dat is met het land al lang gebeurd. Geblakerd ligt het in de zon te stoven. Gelaten en stil. De cicaden zwijgen, net als de wielewalen die in de vroege ochtend van deze gloeiendhete augustusdag nog zo vrolijk zaten te jubelen en te jodelen in de steeneiken. Van de honden die languit onder de vijgenbomen liggen hoor je alleen het korte, snelle hijgen. Ook de mussen tjilpen niet meer. De stilte is net zo groots als het licht en de hitte. Heel soms gaat een warme ademstoot van wind door de bomen, die teweeggebracht lijkt te zijn door een dichtbij brandend, groot vuur.

Van afkoeling is 's avonds nauwelijks sprake. Hoe kan het anders? De grond, de stenen, de gewassen, de huizen, de bomen zelfs... alles gloeit tot diep in de nacht na. Het is immers nog 35 graden wanneer de zon laaiend in de vlammenzee van de westelijke hemel wegzakt. Pas tegen de ochtend is er een beetje frisheid, een paar uurtjes lang, maar dan komt hij er alweer aan, de zon. Eerst mild en vriendelijk. Dan giet hij de wereld vol gouden licht. Daarna begint hij allengs venijnig wordende steken uit te delen, om al tegen tienen verzengend en genadeloos te zijn. De hitte smoort dan het leven, dooft de geluiden, stopt de bewegingen, jaagt mens en dier de duisternis van holen en woningen in. Zoals alle zomers is ook die van dit jaar spectaculair, dag na dag. Maar deze zomer is nog meer dan dat: ze is monumentaal. Van begin mei tot eind augustus nauwelijks één dag beneden de 30 graden

Vraag je Nederlanders hier wat ze missen, dan zeggen sommigen: de taal. Anderen hebben het over 'sociale contacten' of 'gezelligheid'. Een enkeling begint over drop, hagelslag en pindakaas. Ik ben er geen tegengekomen die over milde zomerregens mijmert, over de noordelijke regen die glanzende druppels ophangt aan de bladeren en in het gras. Van niemand heb ik een woord gehoord over het gestage geruis in de donkere boomkruinen, over de natte geur van bosgrond en tuinaarde, over de koele zilveren uren na de bui, wanneer de bomen roerloos te druipen staan en in de bloemen parels liggen. Is er geen herinnering meer aan de kleine windvlaag die de takken net voldoende beroert om er een geritsel van bladeren aan te ontlokken, bladeren die het water van zich afschudden, en daarna weer stilte, een kreet van een vogel in het groen?

Dit harde land van het zuiden leent zich niet voor weemoed. De natuur hier is duidelijk. De weersomstandigheden zijn hier niet geheimzinnig, sprookjesachtig en vol raadselen. Ze zijn niet mis te verstaan. Als het heet is, is het heet en als het koud is, is het koud: snijdend koud of snoeiheet. Nauwelijks een middenweg. De mistral blaast je bij wijze van spreken de kleren van het lijf en de vullingen uit je kiezen. Onweert het, dan lijkt de oorlog te zijn uitgebroken, dan is het alsof alles binnen de kortst mogelijke tijd met de grond gelijkgemaakt moet worden. De hemelse lichtshow die dan ten beste wordt gegeven, is ongelofelijk, oogverblindend, onwerelds. En komt eindelijk de regen, dan is de stortbui haast massief, zo geweldig dondert ze neer, verpletterend. Hier in de Midi is van alles veel. Het onderste uit de kan. Compromisloos.

Daarom is alles hard en ruig. Het is een natuur van droogte en scherpte: kromme, knoestige bomen; hoekige, priemende takken; lange doornen; puntige leerachtige bladeren; hoekige stenen met randen en uitsteeksels als prehistorische bijlen en messen. Er zijn schorpioenen en slangen, wespen met angels als dolken, bidsprinkhanen met vervaarlijke klauwen, gemeen bijtende spinnen zo groot als strandkrabbetjes. De huizen zijn van ruwe stenen en hebben bonkige, gebarsten muren. Ze worden door vervaarlijke honden verdedigd tegen de vijandelijke buitenwereld. De vrouwen die er wonen zijn scherp van de tongriem gesneden, de mannen zijn getekend en gehavend door weer en wind: gegroefd, geblutst en gebarsten en altijd bruin, zoals de bomen, de aarde en de stenen. Ze gaan met hun oude jachtgeweren achter de wilde zwijnen aan, ze jagen het stof metershoog op met hun rammelende maar onverslaanbare busjes en terreinwagens; ze vechten met stieren, ze praten over *con* en *bouffe*. Ze krabben zich in het kruis, ze snuiten hun neus in de hand, ze vloeken, ze lachen, ze roken en ze drinken. Het platteland hier is boers: niet verfijnd, ongestileerd en dus eerlijk, eenduidig en niet mis te verstaan.

De meteorologen voorspellen hetzelfde als de boeren: de zondvloed. 'Het mooie zomerweer zal uitdraaien op een nachtmerrie', zegt de krant. Het is inderdaad veel te lang heet, het heeft te lang niet geregend. Het gras is stro geworden, de struiken zijn droger dan kerstversiering en zo hangen de bladeren er ook bij, de grond is hard als steen en zit vol scheuren. In de beddingen van de Gardon wolkt het stof hoog op boven de rotsblokken. Straks wordt de hemel donker en zal de zondvloed er een kolkende watermassa doorheen jagen, die boerderijen, huizen en halve dorpen meesleurt naar de Rhône. Dan zullen miezerige beekjes woedende stromen worden en riviertjes brede watervlaktes waarin tussen de heuvels alles verdrinkt dat nu nog met de moed der wanhoop te leven staat onder de geweldige zon.

50

Papier-maché

Maak van stijfsel en water een dunne brij, scheur kranten in zo klein mogelijke stukjes, roer de snippers en de stijfselpap grondig door elkaar *et voilà*... je hebt papier-maché gemaakt. Daarmee kun je van alles knutselen, want er valt gemakkelijker mee te boetseren dan met klei. Het droogt zo licht als papier op en is met gewone waterverf uitstekend te beschilderen. Je kunt er poppenkastpoppen van maken, kleine min of meer kunstzinnige objectjes en natuurlijk wespennesten.

Papier-maché, dat is Frans voor 'gekauwd papier' en dat is precies wat wespen doen. Wespen zijn ware kunstenaars met papier-maché. Ze beheersen de techniek volkomen en buiten het gebruikte materiaal ten volle uit. Ze bouwen er hun nesten mee. Eerst knagen ze houtschilfertjes van rietmatten, schuttingen, pergola's, verveloze tuinmeubelen en dorre planten. Plantaardige vezels dus, de belangrijkste grondstof van papier. Deze vezels worden in de bek tot pulp vermalen en met plakkerig speeksel tot moes vermengd. Het is eigenlijk precies hetzelfde als de natte proppen die wij vroeger tegen het schoolbord spuugden of smeten, wanneer de meester met de rug naar de klas stond. Het principe was simpel: papier kauwen en de natte prop lanceren. Net als papier-maché droogden die natte proppen licht maar sterk op.

Wespen maken hun hele nest van deze papierbrij. Elke onderdeeltje wordt eruit vervaardigd, totdat er een papier-maché flatgebouw is ontstaan van vele verdiepingen, die stuk voor stuk gevormd worden door raten van duizenden cellen. Telkens wanneer het nest uitgebouwd moet worden, worden de binnenste lagen van de stevige en vooral uitstekend isolerende papiermantel opnieuw tot pulp gekauwd. Aan de buitenkant maken de werksters weer nieuwe lagen van de brij. Zo kan het nest uitgroeien tot een gevaarte van soms wel een meter in doorsnee. Bouwen kunnen ze, die wespen. De zeshoekige cellen worden met wiskundige precisie geconstrueerd, terwijl er tijdens de bouw ook volledig rekening wordt gehouden met de natuurkundige wetten van de zwaartekracht. Het nest wordt namelijk van boven naar beneden in elkaar gezet. Naarmate het gewicht naar onderen toeneemt, worden de ophanging en de verbindingen tussen de raten telkens versterkt. Het wespenvolk pakt het verstandig aan, heeft wat dit betreft de taken perfect verdeeld. Terwijl de ene groep bouwvakkers aan de onderkant nieuwe raten bouwt, is de andere groep bezig de constructie bovenin te versterken. Eigenlijk moet ik 'bouwvaksters' zeggen, want het zijn allemaal vrouwtjes die het werk doen. Een wespenvolk bestaat namelijk bijna geheel uit onvruchtbare vrouwtjes, die 'werksters' worden genoemd.

Papier isoleert prima. (Het is nog niet zo heel erg lang geleden dat plattelandskinderen 's winters naar school fietsten met een krant achter de jas.) Het papier van het wespennest houdt de grootste hitte en kou buiten, maar verricht natuurlijk geen wonderen. Om de zaak op de voor de larven optimale temperatuur van plusminus dertig graden te houden, hebben de werksters een tweetal technieken in petto. Als het binnen te koud wordt, gaan ze allemaal heel hard hun vliegspieren laten werken zonder de vleugels te bewegen. De energie die gebruikt wordt om de spieren op gang te houden komt vrij als warmte. Wie hard werkt straalt warmte uit en functioneert zo als een soort kacheltje. Zo worden de raten met de larven verwarmd. Ook bij grote hitte worden de vleugels ingezet. Maar eerst gaan de werksters buiten water halen. Ze drinken zich vol bij een plas regenwater, bij de hondenbak of bij de tuinsproeier en spugen dat water weer uit over de raten. Daarna laten ze het vocht verdampen door geweldig snel met hun vleugels te slaan. Voor de verdamping van vocht is energie nodig die aan het nest wordt onttrokken, zodat het afkoelt. Het is hetzelfde principe als dat van de plens water in je oververhitte gezicht.

Hoe meer water, hoe meer wespen er komen putten. Gedurende de zomermaanden zoeken ze massaal mijn zwembad op. Ze krioelen over de stenen rand en de tegels van het terras. Ze dobberen bij honderden op het fonkelende blauw, alsof een Titanic vol wespen er schipbreuk heeft geleden. De rest zoemt woedend rond en trakteert iedereen die in de buurt komt op een venijnige steek. De wespen die dit alles niet doen, brommen volgetankt terug naar hun papieren huis, net als de dikke geelrode blusvliegtuigen die van de zee naar de vuurhaarden in de *garrigue* vliegen.

'Je moet het in brand steken', adviseerde Jean-Baptiste, terwijl we naar een voetbalgroot nest stonden te kijken, dat ik in een holle moerbeiboom had ontdekt. 'Het brandt beter dan de garrigue in augustus!'

'Ja en net zo goed als de krukdroge moerbei zelf', bromde ik. 'Daar begin ik dus niet aan.'

'Nou, ik heb in een schuurtje ook zo'n nest', zei hij. 'Daar weet ik wel raad mee.'

Een paar dagen later stond eerst dat schuurtje in brand en een kwartier daarna zijn halve tuin. Hij kwam zich de volgende dag bij mij beklagen.

'Het brandde als een fakkel', riep hij, 'alsof ik er benzine overheen had gegooid. En weet je wat het ergste is? Ik heb er geen wesp minder om!'

'Het is een druppel op een gloeiende plaat', zei ik. 'Trouwens, wie steekt er nu iets in zijn schuur in brand? Mensen die hun vingers verbranden kunnen niet met vuur spelen.'

51

Een zonovergoten maanlandschap

De zomer van 2003 zal de Fransen nog lang heugen. De extreme en buitengewoon langdurige hitte maakte niet alleen 15.000 slachtoffers onder voornamelijk zieken en bejaarden, maar vormde bovendien de oorzaak van de grootste bosbranden sinds mensenheugenis. Betreffende de eerste ramp hulde de *Président de la République* zich in stilzwijgen, wat vriend en vijand verbaasde omdat Jacques Chirac er gewoonlijk als de kippen bij is wanneer er zich een calamiteit voordoet. Het werd door iedereen dan ook als een 'goedmakertje' beschouwd dat de president zich naar de *Côte d'Azur* haastte om er zijn leedwezen te betuigen over de dood van drie brandweerlieden.

De slachtoffers waren een 37-jarige beroepsbrandweerman en twee vrijwillige brandweerlieden van 42 en 43 jaar. Allen waren ze getrouwd en hadden ze kinderen. Een van hen had er zelfs zeven. Bij de begrafenis zaten deze keurig op een rijtje in de zon. Naar zeggen van collega-brandweerlieden waren de drie mannen gehard en goed getraind en na 15 jaar ervaring uitstekende *pompiers*. Ze waren dan ook met een gerust hart vanuit La Seyne sur Mer op weg gegaan naar Gogolin, via de *Route Départementale* 14 die dwars door de brandende bossen van de Var voerde. Tijdens de rit verdubbelde de brand echter in kracht door een plotseling in alle hevigheid opstekende wind. De wagen die vóór die van het drietal uit reed slaagde erin de muur van vlammen te doorbreken, maar voor henzelf was er geen ontsnappen mogelijk. Toen nog geprobeerd werd rechtsomkeert te maken sloeg de motor af en was er geen beweging meer in de wagen te krijgen. Twee van de lichamen werden later verkoold in de cabine aangetroffen, de derde lag op de zwartgeblakerde weg.

'We moeten ons', zo sprak Jacques Chirac tijdens de rouwplechtigheid, 'met grote vastberadenheid opstellen tegenover de brandstichters en hun straf zal een voorbeeldfunctie moeten hebben.' Dat er één of meerdere brandstichters aan het werk waren geweest, was inmiddels uit diepgaand onderzoek gebleken. Er werd zelfs al gesproken over een georganiseerde groep, die uit projectontwikkelaars, boeren en jagers zou bestaan. Chiracs ferme woorden werden beluisterd door een verslagen gehoor en een ontmoedigd Frankrijk. Wat te doen met een overheid die zich weinig gelegen laat liggen aan de sociale zekerheid? De president beperkte zich daarom niet tot het bewijzen van de laatste eer. Hij probeerde nog een ander vuur te doven, een vuur dat al heel lang smeulde. Behalve de buitengewone hitte en droogte die het mediterrane zuiden uiterst ontvlambaar hadden gemaakt, behalve het onverantwoordelijke beleid van de gemeenten die geen halt weten toe te roepen aan het volbouwen van natuurgebieden, behalve de onvoorzichtigheid van onnadenkende enkelingen en de criminele waanzin van anderen, maken immers ook de onbedachtzaamheid en zorgeloosheid van de overheid het *Massif des Maures* – zoals het bergachtige land boven de zuidkust heet – tot een kruitvat. Al sinds jaar en dag beklaagt de brandweer zich, zonder gehoord te worden, over het gebrek aan middelen en de slechte kwaliteit van hetgeen waarover ze wel kunnen beschikken. Zo zijn de befaamde *Canadairs*, de brandblusvliegtuigen, sterk verouderd, terwijl zij het enige effectieve middel vormen om bosbranden in te kunnen dammen.

Bij de begrafenis van de drie brandweerlieden stelde de president bij monde van de minister van binnenlandse zaken verbeteringen en uitbreiding van het brandweerapparaat in het verschiet. '*Il est bien temps!*' smaalden de kranten. En één ervan stelde heel duidelijk dat de overheid zich weliswaar heeft laten verkiezen op een programma waarin sociale zekerheid een zeer belangrijke rol speelt, maar dat ze absoluut niet voldoet aan haar opdracht waar het om preventie en bestrijding van natuurbranden gaat. 'Men is vergeten dat de strijd om zekerheid en veiligheid niet alleen de strijd tegen de misdaad betekent!' Wat kan er wel niet gebeuren, zo vroeg het betreffende dagblad zich af, als er bijvoorbeeld brand uitbreekt in de met woningen en woonwijken bezaaide dennenbossen ten noorden van Montpellier?

Dat weten we inmiddels heel goed. In de eerste dagen van september, toen de Var in lichterlaaie stond, besteedde het TF1-journaal van acht uur dagelijks op z'n minst een kwart van haar tijd aan de ramp. Daarnaast werden speciale uitzendingen ingelast waarin steeds weer beelden werden getoond van de zwarte heuvels vol verkoolde staketsels van bomen, van de uitgebrande huizen en autowrakken en van de verslagen en uitgeputte bevolking. De videoopnamen die door bewoners van de streek waren gemaakt op het moment dat de ramp zich aan hen voltrok, werden keer op keer herhaald. Ze verbijsterden telkens opnieuw. De kracht en de snelheid waarmee de vlammenzee naderde bleken onvoorstelbaar te zijn. Je zag de stormwind van helse hitte de bomen en de struiken geselen tot ze van de ene seconde op de andere in een baaierd van vuur ten onder gingen. Je was er getuige van hoe een verzengende orkaan om de huizen bulderde, hoe zwarte rook zich in de woningen naar binnen perste, terwijl de luiken als bezeten klapperden en de ramen in scherven uiteen spatten, hoe een videocamera van een brandende auto buiten naar gillende kinderen binnen zwaaide, om terug te springen naar het silhouet van een uitzinnig blaffende hond dat zich gitzwart aftekende tegen de apocalyptische vuurzee van de tuin en het bos erachter.

'De omvang van de branden is buitengewoon indrukwekkend', verklaarde de eerste minister toen de mistral al was gaan liggen en het vuur de snelheid van zijn opmars verminderde, hoewel het tussen Saint-Tropez en Hyères nog steeds bestreden moest worden door 2000 brandweermannen en 25 vliegtuigen. Inmiddels was eenvijfde van de natuurgebieden in de Var in de as gelegd en hadden zeven mensen, waaronder drie toeristen, de dood gevonden. De premier wees terecht op een onvoorstelbaar ernstig ander aspect van de ramp. 'De ecologie is door de brand teruggebracht tot nul', zei hij.

Van de levende natuur is inderdaad niets meer over. Geen hagedis, geen vlinder, geen vogel en geen zoogdier. Niets. Kilometer na kilometer is er geen leven meer. Verkoold en zwartgeblakerd is het er, van horizon tot horizon. Chirac beschreef het als een *paysage lunaire*. Een zonovergoten maanlandschap onder de blauwe hemel van het zuiden.

52

Adieu

Een avond in de vroege herfst. Vanuit het oosten is de nacht op veroveringstocht gegaan, maar de westelijke hemel staat nog in vuur en vlam. Het donkergroen van de boomkruinen neigt al naar zwart. De blaadjes ritselen wanneer er de hand van het najaarsbriesje doorheen grabbelt. De dag is ten einde. Maar in het bos aan weerszijden van het riviertje de Bourdic schallen nog vogelstemmen. Alsof het lente is.

Daar ben ik dan, in het zuiden van Frankrijk. Ik zit in het harde, ruwe gras aan de rand van de wijngaard en kijk naar mijn huis, dat iets hoger ligt. Het steekt groot en donker af tegen de vurige hemel. Hier en daar brandt licht achter de ramen. Langs het dak, de schoorstenen, de terrassen en de bogen van de arcade gloeit een feloranje contourlijntje.

Een halve eeuw in Nederland en daarna ben ik zomaar ineens buitenlander geworden, zowel daar als hier in Frankrijk. We hebben onze spullen in de verhuiswagens laten pakken, we hebben de honden in de auto gezet en we zijn er vandoor gegaan. Naar een ander land, een andere cultuur, een andere taal. Naar een vreemde wereld, waarin alles ontdekt en veroverd moest worden.

Hindernissen en obstakels waren er te over. Nog iedere morgen moet je een beetje gymnastieken met mond en tong om het Frans naar behoren te laten klinken. De taal vormde, net als bij vrijwel alle vreemdelingen hier het geval is, aanvankelijk het grootste probleem. Niet het chauvinisme, de veelbesproken arrogantie, de bureaucratie of de individualistische aard van de Fransen. De taal is echter een probleem dat door vrijwel iedereen overwonnen wordt. Wie de stap naar het buitenland durft te nemen, is immers niet voor een kleintje vervaard. Wie op latere leeftijd nog een definitieve, heel andere wending aan zijn leven kan geven, getuigt van durf en ondernemingslust.

Wel blijkt het een gegeven te zijn dat de moedertaal weer belangrijker wordt naarmate de leeftijd vordert. Heel wat landverhuizers hebben daarom het liefst een Nederlandstalige oude dag. Om die reden – hoewel soms ook vanwege de kinderen en de kleinkinderen – keren vele Nederlanders op den duur toch weer naar het noorden terug. Het is dus geen wonder dat in Zuid-Frankrijk, net als trouwens overal elders in Zuid-Europa, de bejaardendorpen voor buitenlanders als paddestoelen uit de grond schieten. Want het is voor ouderen uiteraard het meest aantrekkelijk om in het zuiden, met zijn prettige klimaat, zijn rust en zijn ruimte, te blijven wonen, terwijl de directe omgeving toch Nederlands en Nederlandstalig is.

Voor ons is het gelukkig nog lang niet zo ver, ook al leert mij de spreuk op de zonnewijzer in de tuin dat de tijd vliegensvlug verstrijkt. Voorlopig voelen we ons nog prima op ons gemak, daar in het grote huis dat zich tegen de avondhemel aftekent. De belangrijkste hindernissen op het gebied van taal, mentaliteit en cultuur, zijn genomen en de verbouwingen zijn achter de rug. We hebben leren leven met zon en regen, kou en hitte, water en vuur. Bergen van werk laten we achter ons. Voor ons strekt zich nu breed en diep het dal van de toekomst uit, vol helderheid, maar ook met duistere plekken en geheimzinnige wegen.

Het wordt te donker om buiten te blijven. Ik loop langs een tweetal gigantische machines het zandpad op naar het huis. Ze staan in de berm als een stel prehistorische monsters. Maar ze hebben goed werk gedaan. Een jaar na de rampzalige overstromingen is eindelijk de weg gerepareerd. De diepe kuilen en scherpe rotspunten zijn verdwenen. Gaaf en glad klimt de weg omhoog om bij de brievenbus ons eigen stukje Frankrijk in te draaien.

Er zingt een zilveren stemmetje in de bomen. Een roodborstje. Het is een licht tinkelend geluid. Het klinkt als een avondzang, als een adieu, maar ik beschouw het als een kleine begroeting van ons nieuwe leven: als een *petit bonjour*.